迷失的经济学

ECONOMICS
GONE
ASTRAY

【美】布鲁·普特南（BluFord H Putnam）
【美】埃里克·诺兰（Erik Norland）　　　　　著
【美】K·T. 阿拉苏（K·T. Arasu）

方晓　李楹萍 / 译

中国金融出版社

责任编辑：王雪珂
责任校对：刘　明
责任印制：陈晓川

北京版权合同登记图字 01-2020-4944
《迷失的经济学》一书中文简体字版专有出版权属中国金融出版社所有，不得翻印。

图书在版编目（CIP）数据

迷失的经济学/（美）布鲁·普特南，（美）埃里克·诺兰，（美）K·T.阿拉苏著；方晓，李楹萍译. —北京：中国金融出版社，2022.1
　ISBN 978-7-5220-1479-1

　Ⅰ.①迷…　Ⅱ.①布…②埃…③K…④方…⑤李…　Ⅲ.①宏观经济学—研究　Ⅳ.①F015

中国版本图书馆CIP数据核字（2022）第028834号

迷失的经济学
MISHI DE JINGJIXUE

出版
发行　**中国金融出版社**

社址　北京市丰台区益泽路2号
市场开发部　（010）66024766，63805472，63439533（传真）
网 上 书 店　www.cfph.cn
　　　　　　　（010）66024766，63372837（传真）
读者服务部　（010）66070833，62568380
邮编　100071
经销　新华书店
印刷　保利达印务有限公司
尺寸　169毫米×239毫米
印张　13.75
字数　178千
版次　2022年2月第1版
印次　2022年2月第1次印刷
定价　68.00元
ISBN 978-7-5220-1479-1
如出现印装错误本社负责调换　联系电话（010）63263947

致　谢

　　我们谨此向芝加哥商品交易所集团董事长兼首席执行官Terry Duffy致谢，感谢他持续营造的鼓励思考的企业文化，感谢他一直以来对我们不断研究探索、与公司客户分享见解的支持。

　　我们还要感谢D. Sykes Wilford和Jose M.（Pepe）Quintana多年来在我们职业生涯的不同阶段给予我们的指导。Sykes是一位才华横溢的经济学家，也是一位值得尊敬的朋友和同事，他总是乐于审读我们的研究，并提供有见地的评论和建议。Pepe向我们讲授了贝叶斯分析方法，在任职期间，Pepe一直是我们的统计学老师，对此我们铭感于心。

前　言

　　宏观经济的新趋势正在对我们的世界带来重大影响，从华尔街精英圈到普通公众，都能感受到这种趋势，但不论是经济学新手，还是名家巨擘，大家时常深陷一些思维误区。布鲁·普特南（Blu Putnam）和埃里克·诺兰（Erik Norland）在他们的新书《迷失的经济学》中，试图跳出对传统的经典假设和数学模型的依赖，另辟蹊径。他们对经济行为逻辑的分析为我们不断变化的经济环境提供了更好的解释。这本书以娓娓道来、引人入胜的写作风格，颠覆并扩展了我们对经济学的理解。

Terry Duffy，芝加哥商品交易所集团董事长兼首席执行官

目　录

引言

布鲁·普特南和埃里克·诺兰

《迷失的经济学》之成书，其初衷是针对当下一些重要的宏观经济话题提供一些实用的思考角度。本书解析了经济学家经常使用的一些经典假设，恰恰是这些经典假设之上的传统成法渐渐把人们引入歧途。本书的主题从通胀、税收到债务，从人口结构变化到加密货币，旨在为复杂的研究主题提供纯粹基于思考的、逻辑清晰的分析，而非诉诸数学方程或精密技术。经济学家们往往倾向于用复杂术语掩盖有缺陷的论点，这些术语无益于逻辑的完备，也不利于读者的理解。

总体上看，我们认为经济学已经误入歧途，导致经济学家在理解经济和市场方面束手束脚，这主要有三个原因：

第一，尽管已经饱受质疑，但仍有太多的经济学家无视或忽略他们的模型和理论中的行为反馈效应。在类似于"地球是平的"的思维灌输下，业界膜拜线性模型，抹杀来自经济主体的反馈作用——这些主体目标不同，风险承受能力不同，也未必愿意以所谓"理性"人的方式行事。在了解了行为金融学之后，我们会对身处的非线性世界有更深刻的认识。

第二个原因与第一个原因紧密联系，即，有太多的经济学家在建立模型和理论时不考虑相关制度、政治、监管和人口的变化动态和复杂特征。背景总是很重要的，如果不能从动态角度看待经济和市场运行的基本状态，政策处方不会有效，经济预测也必然会走偏。

第三，我们认为，许多经济学家不恰当地使用数学工具，并将其作为一个随身必备之物，从而过分强调简化假设，而忽视了这些假设的粗犷和不切实际。回看20世纪50年代那些在经济学还未走向极端"数学化"之前的经典文献时，我们常常会被作者思维的优雅和清晰所打动。

这其中便包括20世纪初最伟大的经济学家之一阿尔弗雷德·马歇尔（Alfred Marshall）教授——他是当时最畅销的经济学教科书的作者。20世纪20年代初，英国经济学和统计学泰斗阿瑟·莱昂·鲍莱爵士（Sir Arthur Lyon Bowley）曾写信给马歇尔，询问他对数学方程在经济研究和思考中的应用日益增多有何看法。马歇尔的回应非常经典，值得在今天大书特书：

"但是，最近这些年我在工作过程中有一个不断加强的感觉，一个能够很好地处理经济假设的数学理论未必就是一个很好的经济理论。我立了几条原则步骤——（1）数学可以作为一个"速记"工具，但不适合作为探寻问题的原点。（2）可以坚持做完数学分析。（3）把数学解释成文字语言。（4）举出现实生活中的例子。（5）烧掉那些数学方程。（6）如果第（4）不能实现，那第（3）也无意义。我经常这么做。"

不恰当地使用数学，依赖于过于粗放的假设，未能理解经济背后的行为逻辑和复杂系统，以及在一个明显的非线性世界中强调线性分析——谬种不除，经济学岂能不误入歧途？

第1章
通货膨胀：为何长期处于超低水平？

Blu Putnam 和 Erik Norland[①]

编者按：美国经济在2008年至2009年大衰退后逐步复苏，几百万人获得就业，美联储亦大规模进行资产购买并将短期利率维持在接近零的水平……无论是货币主义拥趸还是劳动力市场经济学家，都对当前通货膨胀的低迷困惑不解。本章探讨了这些学者的分析模型所基于的大胆假设，回顾了监管框架的历史变迁，分析了新技术对货币运行的影响，旨在探讨这些流行的理论为何无法解释和预测当今的通货膨胀演变模式。

    美国的通货膨胀已经低位运行了二十多年，这并非独例，其他主要的、成熟的工业经济体都存在这一现象。这也非最近才有的现象，不能单纯归为2008年金融危机影响的余波。实际上，无论是以消费者价格指数（CPI）还是以美联储推崇的个人消费价格平减指数（PCE）来衡量，核心通胀——即排除了价格波动较大的食品和能源的整体价格水平上涨速度——自1994年至2018年一直在1％至3％的区间内规规矩矩地踱步（见图1-1）。

---

① 免责声明：文中所举事例皆是对情况的假设性解读，旨在说明观点。这里表达的观点仅反映作者本人的观点，不一定反映其所在单位，即芝加哥商品交易所或其附属机构的观点。文中的信息不应被视为投资建议，亦不作为对实际市场情况的分析结论。

自1994年以来的美国PCE核心通货膨胀

图1-1 美国的通货膨胀

[资料来源：圣路易斯联邦储备银行FRED数据库（PCEPILFE）]

美国在这二十五年的低通货膨胀期内经历了什么？失业周期完整走完了两个周期；股市则经历了高科技泡沫时期和泡沫破灭时期；住房市场出现过繁荣，也有大规模的衰退；短期利率有高于5％的阶段，也有接近于零的阶段；此外，美联储还进行了一些大规模的非常规货币政策操作（如资产购买计划，即量化宽松）。可见，要评估不同背景下的通货膨胀情况，我们需要退后一步，先研究导致通货膨胀低迷二十余年的根本性原因。为此，我们将研究几种简化的通货膨胀预测理论。通过研究这些大胆（也往往不尽正确）的理论假设，我们将更好地理解为什么大多数通胀理论没有任何预测价值。

我们的中心论点直接来自基本经济学原理：当支出需求超过货物和服务的供给时，价格就会出现上涨（即通货膨胀）。因此，在考察通货膨胀的各种预测方法时，我们将重点研究支出需求以及货物和服务的供给的演变模式。一个共同的结论是，我们所处信息时代的经济结构性变化已经颠覆了需求的产生模式以及货物和服务的供给模式，这些模式的变化使所有简化的通货膨胀预测方法失效。

货币政策在激励经济增长方面的作用逐渐下降

二十世纪五六十年代，芝加哥大学的米尔顿·弗里德曼（Milton Friedman）教授因其主张的货币主义观点而蜚声国内外。他认为，即便货币政策的滞后效应较长，影响也不定，但通货膨胀的主要原因仍然是货币供给。货币主义的通货膨胀理论与六七十年代的实际通货膨胀数据有很好的吻合，但在80年代末期则出现严重背离，在随后的几十年中也未能得到有力的实证支持。

货币主义理论出了什么问题？我们认为，该理论假定的货币供给与支出需求之间的关系完全失效了。在20世纪50年代，人们购买货物或服务时，可以用现金支付，或者从其基本银行账户上开出支票来支付，这个账户不支付任何存款利息。50年代银行虽然也有储蓄账户，但储蓄账户没有开支票的权限。当时信用卡的使用也很少，通过信用卡借款的额度也不高。将资金在瞬间内转移，或者将资金从投资账户便捷地转移到支付账户，在当时来说可谓异想天开。现金管理和经纪账户均不允许开立支票，人们也无法通过互联网或智能手机进行转账。彼时，货币供应与支出高度相关，因此，假设货物和服务的供给保持较慢速度，则货币供给的迅速增加可以准确地转化为未来的支出和通货膨胀走势。

20世纪80年代及随后的几十年里，支出需求的产生模式发生了巨大变化，其与货币供应量及相关货币指标的联系一再被削弱。支票账户开始付息，经纪账户也可以开立支票，购物者随时可使用信用卡授予的额度来进行支付。支出模式的这些变化本身就足以破坏货币供应量与通货膨胀之间的关系，也正是因为如此，美联储在80年代末不再设定货币供应量目标区间。而到了90年代及随后的几十年，在信息时代背景下，智能手机和互联网又带来了大量的资金转账和信用管理的新渠道。

故事还不止于此。即使货币供应指标不再是未来通货膨胀的良好预测指标，人们仍然觉得利率政策或量化宽松或许还是会对未来通货膨胀产生影响。然而，从1994年开始的二十多年里，没有证据表明利率政策和中央银行资产购买计划与通货膨胀存在明显的相关关系。

自90年代初以来，似乎有两个关键力量在发挥作用，从而导致上述货币政策对通货膨胀乃至实体经济的作用出现下降。一是银行审慎监管的强化，特别是资本金要求的强化；二是金融部门高度复杂的利率风险管理业务的兴起。

当银行和其他信贷机构的资金受到审慎监管的约束时，它们将无法扩大信贷，而信贷又是推动支出需求的因素。即使短期利率相对较低且低于当前的通货膨胀率，即便美联储购买了大量的美国国债和抵押支持证券，银行贷款仍然受到资木金要求的限制。从时间点上看，1990—1991年的储蓄和贷款机构危机后，为维护金融体系稳定，审慎监管措施开始长足发展，但其带来的一个副作用就是货币政策在通胀管理方面的有效性下降了。随着政策的钟摆偏向银行监管和降低系统风险方向，中央银行宏观经济工具的效力逐渐减弱。大多数学者在其宏观经济模型中内涵的一个假设是，政策环境是稳定的，并且不会影响货币政策的效力，但这个假设显然是不太成立的。

1990—1991年的储蓄与贷款机构危机还产生了另一种影响。鉴于这些机构基本上是借入短期资金（储蓄）并借出长期资金（住房抵押贷款以及后来的高收益债），他们承担着重大的利率风险。起初，这些机构往往不进行利率风险对冲或以其他方式管理利率风险，承担期限转换风险而获得溢价是他们业务模式中不可或缺的一部分。但在储蓄与贷款机构危机之后，美国市场上所有金融机构都开始从事复杂的利率风险管理业务了。

金融部门强化利率风险管理带来一个有趣的结果，利率政策的微小变化对金融机构的盈利能力的影响变小了，也就是说，美联储利率政策的微小变化将不再影响金融部门的盈利能力。

随着利率风险得到更有效的管理，金融机构资产负债表上留下的最大风险就是信用风险，即出现经济衰退导致银行贷款资产的信用质量下降的风险。而几十年来，金融机构又大大提高了评估和管理信用风险的能力，其虽然不足以应对类似于2008—2009年国际金融危机那样强度的严重衰退，但的的确确可以限制美联储"踩刹车"或"踩油门"的能力，美联储据以影响实体经济增长的政策也因此被削弱。

当然，如果美联储将短期利率大幅提高到通货膨胀率之上，这无疑还是会引发经济衰退，但美联储的宏观经济管理和微调的能力确实越来越小，这也解释了为什么美联储的政策效果存在一些不对称性。美联储仍可以通过大幅的政策紧缩（影响收益率曲线）来制造衰退。当短期利率等于长期债券收益率（即平坦的收益率曲线），或将短期利率设为高于长期债券收益率（曲线倒挂）时，一年至两年后将出现衰退。但是，反向政策操作却不能得到反向的效用。利率接近于零的政策以及资产购买行动可以使股票和债券的价格高于原有水平，但是对实体经济和通货膨胀的影响微乎其微。换句话说，美联储仍然可以像2010—2016年那样通过紧急下调利率和量化宽松来推动资产价格上涨，但是面对一个就业增长已经比较稳健的经济，美联储进一步刺激经济增长的能力非常有限。（请参阅第4章的深入分析，即相对平坦或倒挂的收益率曲线仍然是未来经济减速的极好指标，但正斜率的收益率曲线却不再能有效地刺激更多经济增长。）

当然，这里要有几点额外说明。如若经济衰退是由金融市场失灵引起的，例如2008—2009年的情形，那么中央银行购买资产（即美联储的措施）或提供紧急流动资金（即欧洲中央银行的措施）可以减少经济衰退的负面影响，并防止经济体进一步陷入萧条。但是，当经济已经恢复增长时，这种抑制衰退的能力并不能转化为进一步推动经济增长的能力。

此外，经济分析师和政策制定者应该尽量避免"线性思维"。欧洲央行和日本央行曾经针对商业银行在中央银行的存款执行过短期负利率的政策。这个想法是，如果将利率从4％降低到2％能够鼓励通货膨胀，那么我们还可以从2％再降低到0％，进而，为什么不可以试试负利率？不幸的是，经济学实际上从来不是线性关系。随着短期利率趋近于零，变为负数，商业银行的利润不断受到挤压，因为他们不能将负利率传递给他们的储户，但利润的减少又殃及放贷行为，进而与央行的初衷渐行渐远。

既然货币政策不行，财政政策能不能行？

由于货币政策未能实现决策者所期望的经济增长和通胀目标，美国开始转向使用财政政策。2017年底相关法案获批后，美国开启了一项相当宏大的实验，以观察长期、大规模的企业减税措施能否有效刺激经济增长、推高通货膨胀率。长期的政策结果将会如何，是一个非常有趣的话题，但目前来看成效还难以确定，因为减税与支出之间的联系非常松散。（有关减税和经济增长的深入分析，请参阅第3章。）受益于减税的公司可以回购自己的股票，更多地派发股息，对债务进行再融资或进行并购操作——所有这些行为都能够提高股东价值，但对实体经济也许并没有显著影响。只有企业使用减税所得来支付更高的工资，或扩大美国的投资，国内实体经济发展了，才能实现更高支出水平。实际上，以上的情况也正在发生。但问题在于，这种情况的规模有多大，它是否足以带来实体经济增长的重大改善？如果我们假设减税措施明确地增加了商品和服务的支出，那么，支出需求的增长的确能带来实体经济增长和通货膨胀上行。然而，如果我们假设对公司的永久性减税以及对富人的临时性减税不会大幅增加支出需求，那么减税措施对增长和通货膨胀的影响自然也就不大。（注：第2章"税收和经济增长"将对这些问题进行深入分析。）

在美国政府力推企业减税政策的时候，增加政府支出的措施显然并未纳入政策议程，但无论如何，政府支出肯定是刺激支出需求更直接的方法。毕竟，理论上说，国内生产总值是消费、投资、政府支出以及净出口的加总。增加政府支出能直接增加国内支出需求，不会像企业减税那样引起关于政策效果的争论。实际上，在2009年出台一次性紧急财政支出之后，美国联邦政府支出在2010—2017年期间一直未有大幅增加，这在一定程度上似乎能解释为什么即使在短期零利率政策下经济增长也不强劲。

另一个需要分析的财政政策问题是国家债务水平的增加。至少在短期内，减税和增加政府支出将导致赤字增加。只有在实体经济出现显著增长的情况下，税收收入的增长才能部分弥补由减税或政府支出增长带来的财政缺口。但是，我们要注意，债务负担的不断增加并不意味着未来就一定会出现经济衰退。从长远来看，保持成长的经济体通常会承担越来越多的债务，债务与GDP比率将不断上升。只是，随着债务与GDP比率的上升，经济体会变得更加脆弱，对利率也越来越敏感。也就是说，利率的上升意味着利息支出的增加，因此不断上升的债务水平增加了货币政策的出错风险，即过快地走向平缓或倒挂的收益率曲线会导致经济衰退。我们的结论是，从长期来看，债务负担的增加使得美联储保持更加谨慎的态度，尤其是在提高短期利率方面。

为什么偏紧的劳动力市场并没有导致通货膨胀上升？

下面讲讲通货膨胀的劳动力市场假说，包括美联储前任主席珍妮特·耶伦（Janet Yellen）在内的劳动经济学家通常认为，低失业率表明劳动力市场紧张，这意味着对稀缺劳动力的激烈竞争，进而导致每小时工资水平的上升，支出需求因之增加。的确，工资上涨与消费者价格上涨之间存在着一些松散的同步相关性，但这种同步并不一定就是因果关系，只是一种实证分析方面的联系。而且，随着劳动力市场在过去的几十年中越来越偏重服务部门工作，制造业工作逐渐减少，这种小时工资与通货膨胀的因果关系已经几乎不存在了。

为了专注于支出需求的变化，我们着重分析劳动总收入的增长。劳动总收入的增长是就业增长（更多的工作人员）、工作小时数的增长（更长的工作时间）和每小时工资的增长（人们的薪水更高）这三个因素的合力结果。如果孤立地分析任何一项，则可能会得到错误的答案。耶伦极力主张，采用整体方法来处理劳动力市场数据，研究所有相关指标来定性评估劳动力市场的情况。

许多分析人员侧重分析每小时工资的增长，这是错误的，问题出在了理论假设上。每小时工资增长与总劳动收入之间的联系究竟如何，其很大程度上取决于新增工作的性质，而多数经济学模型都假设经济体中的工作类型分布是稳定的。在我们这个企业崩坏的时代，这显然是大谬。我们的经济正在创造更多的低薪服务性工作，相对高薪的制造业工作正在流失。这是一个持续了数十年的趋势，为什么这么多的学者和政策经济学家都未在通货膨胀预测模型中进行假设修正呢，这对于我们这些实务经济学家来说难以理解！在2010—2017年期间，薪水实现增长的、收入相对较高的行业是商业专业机构，包括金融、会计、保险、法律等，而该行业就业规模太小，无法推动通货膨胀的明显改变。总体而言，工作结构正在转向薪资相对较低的职业，无论消费者价格上涨的路径如何，整体的平均小时工资增长轨迹都将偏于下行。

另外，支出需求是支出能力和支出意愿的函数。劳动总收入的增长衡量的是支出能力的变化，但不一定反映支出意愿。我们的结论是，害怕失业是影响消费意愿的主要因素。在2008—2009年的大衰退之后，许多公司纷纷裁员。即使你保住了工作，也大概目睹了家人、朋友或同事的不幸失业。这是行为金融学和心理学领域的问题，我们或许难以置喙。但是，我们认为，走出经济衰退、实现复苏不仅仅就是创造就业机会，在衰退时期被甩出就业人群的恐惧感或许需要更多时间才能消退。因此，除非这种心理恐惧逐渐消失，实际的支出需求必将低于根据劳动收入增长做出的简单线性推测。而在这个实业凋零的时代，失去工作的恐惧恐怕是难以一挥而去。例如，实体零售业垮掉了，网购快递工作兴起了，总的来看，工作增长情况还不错，但这种担心失业的心理因素仍然存在。在2008—2009年大衰退之后的长期、缓慢的经济增长期间，由于对维持工作和收入的信心不足，消费需求受到了抑制。随着每年经济的增长，这种恐惧日减一分，但是在这个低迷的时代，这将会是一个缓慢的过程。

结论

在分析通货膨胀时，我们应特别注意关于金融监管环境的稳定性以及支付系统创新的假设，假设发生了微小变化，结论则会出现巨大差异。如果关于通货膨胀的经济模型假设这些因素能够长期保持不变，那么我们就应该给这个模型打一个大大的问号，甚至直接拒绝。将金融监管因素视作不变的常量，并忽视各种支付创新，当然能够让这些理论更易于计算，便于开展实证分析，但是，这种图方便的做法使得分析的相关性降低，带来很大的预测错误，并可能导致谬误的政策选择。

同时，我们还要小心许多分析人员和政策制定者常犯的执迷于线性关系的错误倾向。经济系统是涉及各种行为相互作用的复杂反馈回路，线性关系的假设往往仅会在很小的增量区间保持有效，若不止步于此，则行为反馈作用和结构非线性因素造成的曲度，以及边界值约束等就会分分钟"教你做人"。

第 2 章
债务：危险的积聚

Erik Norland 和 Blu Putnam[①]

编者按：令人称奇的一个现象是，那么多经济模型和经济运行方面的理论都选择性地忽略债务的负面影响。本章旨在说明，如果不全面理解债务在经济中的作用，将是非常危险的。

债务是宏观经济中最基本但也是理解最不充分的一个元素。宏观经济思想的主要流派——古典主义、凯恩斯主义和货币主义——对债务都没有给予足够的重视，他们都认为，债务水平低的经济体与债务水平极高的经济体的运作方式完全相同，并且，总体而言，债务比率对经济体没有重要影响。但是，在现实生活中，债务水平不仅非常重要，债务负担还会影响经济的各个主要方面，从增长速度到利率水平，无不受其影响。

只有为数不多的经济学家，例如后凯恩斯主义经济学家海曼·明斯基（Hyman Minsky），将债务的影响置于经济运作模式研究的中心位置。当年，经济学界在很大程度上无视了明斯基穷其一生（1919年至1996年）的研究成果，但自2008年国际金融危机以来，人们对经济体资产负债表中负债方的兴趣与日俱增。

债务的原理很容易理解，亦被广泛接受。债务代表对未来现金流的

---

① 免责声明：文中所举事例皆是对情况的假设性解读，旨在说明观点。这里表达的观点仅反映作者本人的观点，不一定反映其所在单位，即芝加哥商品交易所或其附属机构的观点。文中的信息不应被视为投资建议，亦不作为对实际市场情况的分析结论。

索取权，为了换取当前的借贷资金，政府、企业和个人需承诺未来还本付息。

我们说人们对债务的了解不足，其实指的是人们对债务的普遍性认识不足，尤其是法币世界里的债务普遍性。政府的货币发行行为创造了没有相应流动资产的负债。法币没有黄金或白银这样的硬资产予以支持，它只是作为延期付款的价值尺度，公众对法币的认可基于的是政府的隐含承诺，即政府将通过税收偿还政府债务。因此，理论上说，法币的背书是人们对发行国政府中央银行信誉的信任。由于中央银行有能力随意创造货币来为政府负债进行融资，相关政府借入的除非是它无法控制的外币（或超主权货币），否则几乎没有主权违约的风险。

在现代的法币经济体中，只有一小部分交易是使用实际货币进行的，大多数交易都是通过信用来完成。其中一些信用的期限很短——支票或电子转账的清算时间通常为几天。另外一些交易（如信用卡交易）是循环信用额度，其期限长达数月甚至数年。多数债务是长期的，包括汽车贷款、抵押债券以及大多数政府和公司债务。正是因为信用随处可得，原本很难或不可能的各种交易都得以完成。这种流动性的存在提高了所有人的生活水平，支持了投资需求和总需求。

低债务经济体与高债务经济体

当债务水平较低时，政府、家庭和企业可以通过借入超过其收入的资金，来实现更高的支出。由债务支持的支出水平如果超过收入水平，将会促进GDP增长，因为个人或实体的支出是其他个人或实体的收入。但是，随着债务水平的上升，借贷的性质及其对支出的影响也会发生变化。随着债务水平的增加，借贷行为渐渐不能再带来新的支出和投资，而是更多用于满足既有债务的本息支出。就整个经济而言，这会造成增长的放缓。当总债务水平过高时，贷出者最终会对借入者的信用质量感到担忧，往往会停止贷款，从而导致信心丧失，即所谓的"明斯基时刻"，这有可能将债务驱动的经济扩张周期推入反向的恶性螺旋。

当人们讨论债务与国内生产总值的比率时，他们往往只关注公共债务，这是个大错误。在大多数国家和地区，公共部门债务仅占总债务的一小部分（见图2-1）。当然，金融危机有时确实是由公共部门债务水平过高造成的，希腊和意大利就是很好的例子。但更常见的情况是，危机源于私营部门，比如20世纪90年代初的日本和2007年的美国。即使在公共债务水平非常低的国家，私营部门也可能会引发危机，如2009年的爱尔兰和西班牙。这两个国家发生危机时，其公共债务水平均不到GDP的30%，但私人部门的债务水平都超过了GDP的200%。

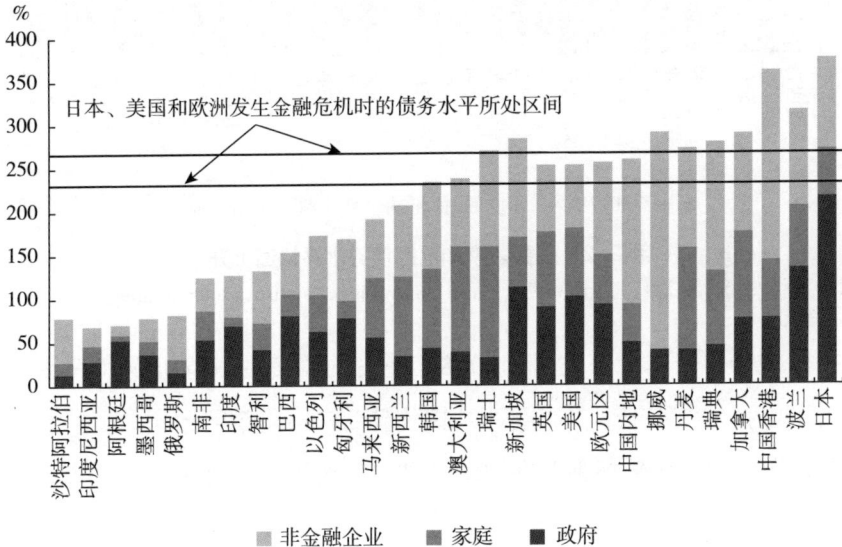

图2-1　多数债务来自私人部门，而非公共部门

（资料来源：国际清算银行，http://www.bis.org/statistics/totcredit.htm）

20世纪80年代初以来，发达经济体债务与GDP比率不断攀升，尤其是在2000年至2017年之间升幅极大（见图2-2）。债务水平的上升使得多数发达国家的货币政策运行模式出现了根本性的变化。只要债务与GDP比率仍处于相对较低的水平（低于230%），央行总体上会将利率维持在名义GDP增长的水平上。也就是说，如果实际GDP增长3%，通胀2%，则央行政策利率一般会保持在5%左右。

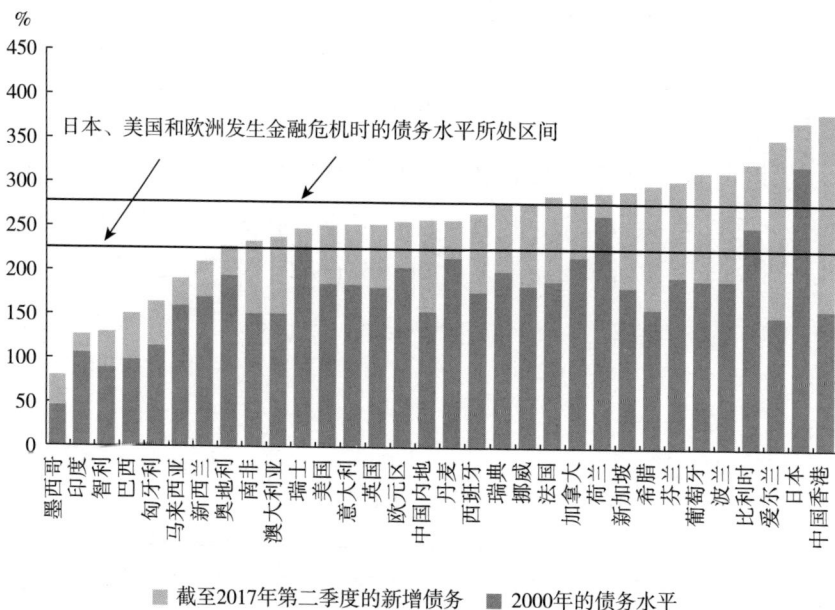

图2-2　多数国家和地区债务水平快速上升
（资料来源：国际清算银行，http://www.bis.org/statistics/totcredit.htm）

自1990年日本经济危机和2008年左右的欧美金融危机以来，各国央行为了维持经济增长，不得不将利率维持在非常接近于零的水平，这导致包括著名的"泰勒规则"在内的各种利率模型逐渐丧失了解释力。

主权债务危机简史

当谈到债务危机时，日本可谓是煤矿里的金丝雀，日本是"二战"结束后现代法币体系下第一个遭受本币债务危机的国家。在"二战"之前，债务危机很常见。在金本位制下，由于货币与贵金属挂钩，各国央行无法像现在这样轻松地控制货币供应量。币值与贵金属挂钩的问题在于，黄金和白银的开采量增长太慢，无法满足迅速扩张的现代经济的需求。在金属本位制（包括金本位制）下，各国通常通过对贵金属贬值来摆脱债务危机，美国在1933年便是如此，当时，总统富兰克林·罗斯福（Franklin Roosevelt）关闭了美国银行系统100天，政府开始没收黄金，并将美元相对于黄金贬值33%，从20美元/盎司贬值到35美元/盎司。

"二战"结束后，美国及其盟国建立了基于固定汇率的布雷顿森林体系，该体系下，包括美元在内的各国货币都可以兑换成黄金。在20世纪50年代和60年代，这一制度为战后恢复时期的美国、日本和欧洲的强劲经济增长奠定了基础。然而，到了20世纪60年代末，由于林登·约翰逊总统的"大社会计划"和越南战争，美国经济开始过热。1971年8月15日，他的继任者尼克松总统宣布美元与黄金脱钩，开启了自由浮动法币时代。

这个新体制的头十年充满了动荡。大宗商品价格飙升，通胀严重。到1980年，很多国家的中央银行已经将利率提高到两位数以控制通货膨胀，从而带来了严重的经济低迷和布雷顿森林体系后的第一轮债务危机。

在20世纪70年代的大宗商品繁荣时期，许多拉丁美洲国家深信大宗商品出口能够长期盈利，因此大量借贷。20世纪80年代初，当大宗商品价格暴跌时，它们无力偿还债务，许多国家从西方银行的借款都出现了违约。这场债务危机与日本和美国随后的债务危机的区别在于，拉丁美洲国家借入了它们无法控制的货币，大部分贷款以美元计价，剩下的贷款则以英镑、法国法郎和德国马克计价。

货币贬值提高了拉丁美洲的出口竞争力，但没有改变以美元、英镑、法郎或马克计价的贷款价值。在美国财长布拉迪（Nicolas Brady）的牵头组织下，这些贷款从美国银行的资产负债表中被剥离出来，经证券化后出售给金融市场，而拉丁美洲国家在20世纪80年代和90年代都一直在偿还这些贷款。这一去杠杆化的过程是痛苦的，20世纪80年代和90年代初，拉丁美洲大部分地区经济增长出现停滞——这就是所谓"失去的十年"。

相比之下，日本在20世纪80年代一直增长强劲，在这十年的大部分时间里，日本的年增长率都在5%左右——在1980年之前的三十年里，日本经历了更快的增长，不但迅速完成战后恢复，而且已经转变为一个经济和工业大国。20世纪80年代发生的变化是，日本为了延续它已经习以为常的高增长率，逐渐从一个低债务社会转变为高债务社会。1980年，日本的总债务与国内生产总值之比低于200%（按当时的标准仍相当高），但到这个十年结束时这个比率已经超过了250%（见图2-3）。

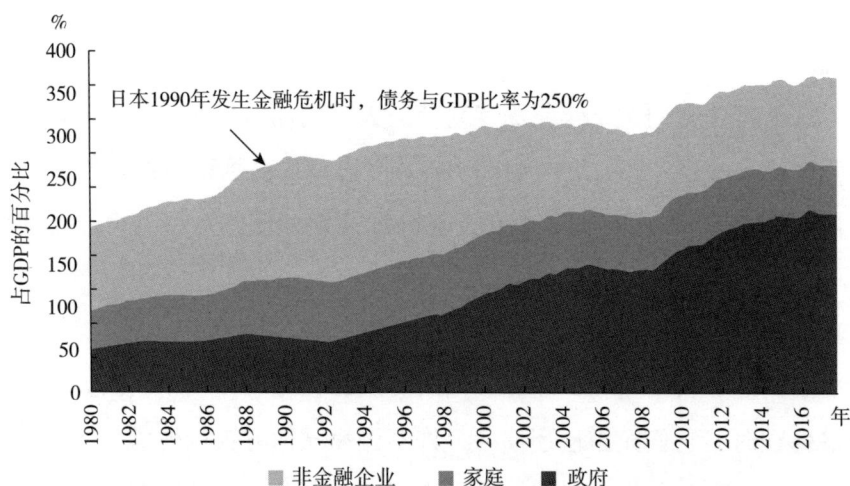

图2-3 日本20世纪80年代的债务飙升带来了持续的恶果

（资料来源：国际清算银行，http://www.bis.org/statistics/totcredit.htm）

在此期间，日本的股票和房地产价格狂飙突进。到1989年，日本经济规模为美国经济的五分之二，但日本股市的市值居然高于美国股市。

东京房地产的市值甚至超过了整个美国！1989年，日本央行开始收紧利率政策，旨在刺破泡沫。1990年，日本股票价格开始暴跌，1991年房地产价格也开始跳水，最终下跌超过60%。

日本房地产市场和股票市场泡沫破裂之后，有三个情况值得注意：

- 日本央行被迫将利率降至零，并持续了20多年，其间曾两次试图摆脱零利率魔咒，但终归失败。
- 日本债务危机达到"明斯基时刻"后，在四分之一世纪内几乎没有增长，消费和投资一直处于双疲软状态。
- 日本从未去杠杆化。实际上，到2017年，其债务与GDP比率已扩大到370%以上。

在20世纪90年代和21世纪初，西方经济学家眼中的日本经济无疑是一朵"奇葩"。低利率和大规模的公共支出计划似乎不能促进经济增长。日本试图通过合并银行和保持低利率来应对其坏账问题，这些做法备受争议。与此同时，西欧和美国也正在慢慢地转变成更大号的日本，当然，他们也有自己的独特性。

翻版的日本：美国和欧洲的债务泡沫

从1950年到1980年，美国的债务比率基本上是稳定的。在这三十年里，美国将公共部门的杠杆率从"二战"和朝鲜战争后的近100%降低到1980年的30%左右。然而，私营部门的债务从战后占GDP的25%上升到1980年略低于GDP的100%。无论是在民主党还是在共和党执政期间，债务总额一直稳定在GDP的125%左右。大萧条时期遗留下来的银行业监管措施仍然有效，尽管美国人也能够获得信贷，但贷出方一般不会以激进的方式降低放贷标准。

在卡特政府后期和里根政府早期，这种情况开始发生变化。20世纪

70年代，美国经济饱受高通胀的困扰。当时，国际贸易只占国内生产总值的5%。中国、印度和苏东集团基本上与西方世界经济隔绝。即使在私人部门，工会也有很大的影响力。技术虽然也在进步，但其对普通工人几乎没有威胁。所有这些都使得劳动力具有很大的定价权。随着物价上涨，工人们可以要求提高工资，且这些要求往往会得到满足。工资上升又刺激了更多的消费。更多的资金追逐着增长相对缓慢的商品供应，通胀率因此居高不下。

福特总统和卡特总统试图打破这种局面，但没有成功。然而，在卡特政府时期，公共政策确实开始转向，首先是放松对某些行业（如航空公司）的管制。1979年，卡特任命保罗·沃尔克为美联储主席。沃尔克随即将美国利率推高至近20%，使美国经济陷入严重衰退，导致了卡特的连任失败。

他的继任者里根在竞选总统时提出了供给侧改革的经济纲领①，其主张减税（尤其是对高收入者的减税），放松监管，扩大自由贸易协定，以及加强对工会的管理。里根上任后最初的行动之一便是解雇罢工的空中交通管制人员，这标志着工会谈判能力的下降。1981年，他签署了《肯普—罗斯减税法案》，在三年内将最高收入者的税率从70%降到50%。在第二个任期内，里根签署了1986年的税收改革法案，进一步将最高税率从50%降到28%。在高收入者税收大幅削减的同时，中等收入和低收入群体的税收有所增加，这主要是由于1983年的社会保障改革提高了工资所得税。社会保障体系开始出现巨额盈余，这些盈余被划拨到政府其他部门，弥补了（某种程度上也掩盖了）1981年的减税成本。与此同时，里根政府开始放松对许多经济部门的管制，包括银行业和能源业。

---

① 关于供给侧经济学和拉弗曲线的分析，详见第3章。

　　而随着中国、印度和苏联及其卫星国进入全球市场，国际贸易规模也大幅扩大。尤其是在1997—1998年亚洲金融危机之后，世界上许多国家建立了庞大的中央银行储备，并将这些储备借给西方国家，进而压低了利率，造成了贷款业务的繁荣。此外，由于这些国家的劳动力开始融入全球经济，发达国家工人的工资增长也被抑制，导致不平等的加剧并产生大量的社会错位。诚然，发达国家消费者能够以更低的成本获得丰富的产品，但这种社会错位并未因此得到减轻。

　　在某些方面，供给侧经济学是失败的，对高收入者和企业的减税未能刺激足够的增长来弥补减税成本，预算赤字激增。然而，在其他方面，供给侧经济学确实取得了预期成效，平均年生产力增长率从1973—1982年的每年1.1%提高到1983—1992年的2.3%，在之后的10年中又进一步提高到3.0%。只是到了2008年危机后，由于债务停止增长，消费需求持续疲软，生产率增长才再次放缓到1981年以前的水平（见图2-4）。此外，更快的生产率增速与实际工资停滞这两者结合，使得通胀率大幅下降。而随着通胀率的下降，美联储开始放松货币政策，股市因此不断创新高。

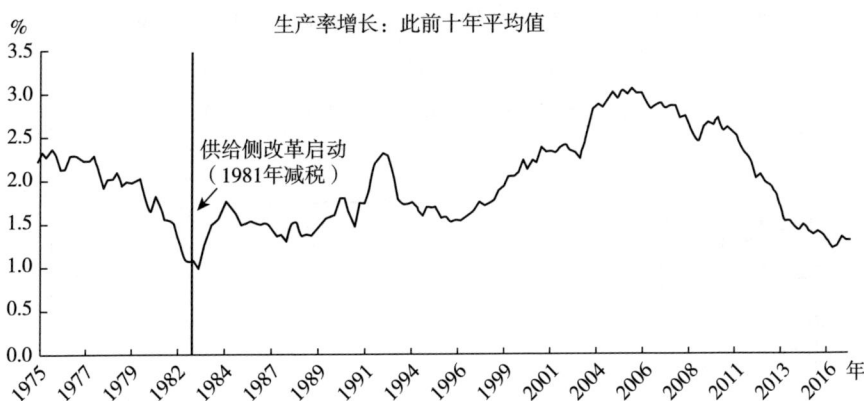

图2-4　美国的生产率增长

（资料来源：Bloomberg Professional，芝商所集团经济研究）

较低的通胀率和不断下降的利率，再加上供给侧经济的副作用和日益加剧的不平等，推动了里根—布什时代的大规模信贷热潮。1981年至1993年，不仅政府债务（包括其他政府部门对社会保障管理局的欠债）翻了一番，从GDP的34%增加到68%，私人部门也深陷债务泥潭。家庭债务与GDP的比率从48%上升到61%，非金融企业债务与GDP的比率从51%上升到56%（见图2-5）。从1979年到2007年，由于工资的停滞不前和生产率的上升，收入最高的1%的人的收入份额从9%上升到20%以上（见图2-6和图2-7）。

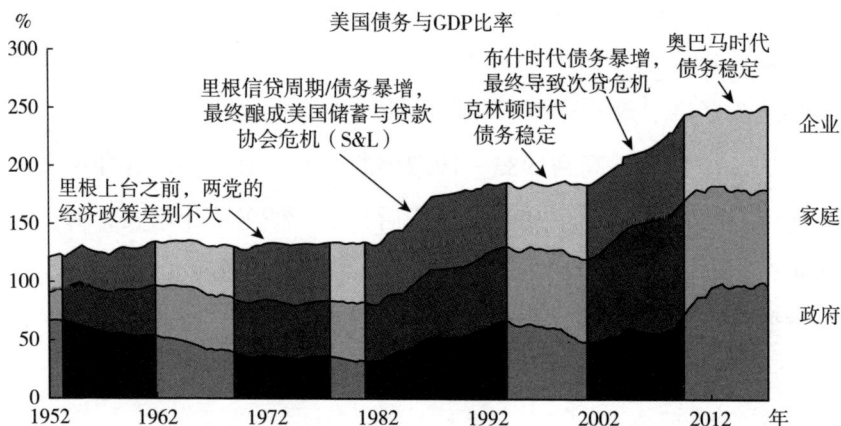

图2-5 供给侧经济学降低了通货膨胀，加剧了不平等，并使债务飙升

（资料来源：国际清算银行，http://www.bis.org/statistics/totcredit.htm）

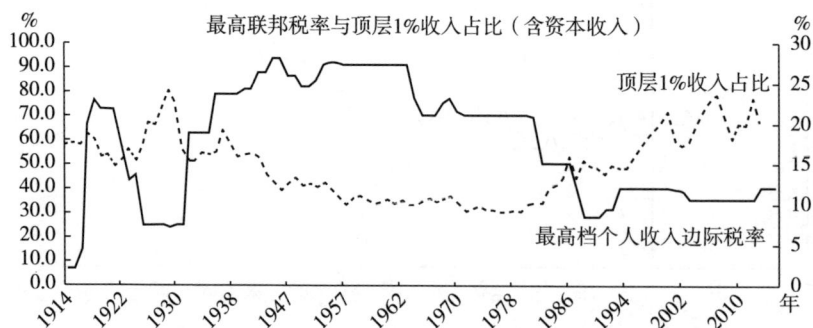

图2-6 税率与不平等

（资料来源：税收政策中心，历史边际所得税率，Piketty和Saez，2015）

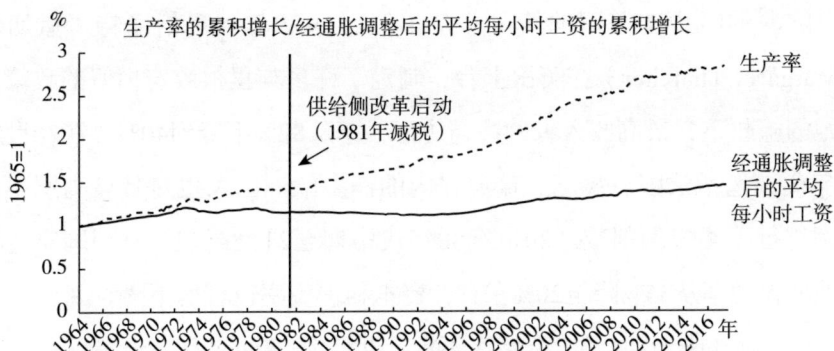

图2-7 生产率上升，工作停滞：债务支持消费者购买多余产品
（资料来源：圣路易斯联储，Bloomberg Professional）

债务水平的上升并非是一件令人吃惊的事情。当工资增长慢于生产率增长时，笃定会发生三件事：

- 资本所有者（即富人）从经济增长中能够获得相对更多的利益。

- 随着商品供应的增长，工人购买这些商品的能力并未提高，因此通货膨胀面临下行压力。

- 那些收入停滞的消费者购买商品的唯一途径，只能是不断增加债务。

为缓解巨额的政府赤字，国会在1990年和1993年决定增税，使最高收入者的边际税率达到39.6%。20世纪90年代，政府债务占GDP的比例从69%下降到51%。然而，总体债务并没有下降，因为家庭和企业债务的上升幅度抵消了政府债务比率的下降。

2001年和2003年，布什总统说服国会削减了对高收入者、资本收益和股息的税收。随着房地产价格的飙升，债务比率再次出现爆炸式增长。2007年，随着债务比率超过国内生产总值的230%，投资者对借款人的偿债能力失去信心，信贷市场骤然萎缩，经济陷入深度衰退，直到2009年美联储将政策利率降至（接近于）零并开始实施量化宽松计划后，情况才开始好转。

欧洲的经历与美国的情况非常相似。1979年，玛格丽特·撒切尔（Margaret Thatcher）在英国上台，制定了许多与里根政府相似的政策。在她的施政下，最高收入者的最高边际税率从82%下降到40%。在20世纪90年代，包括法国、德国、瑞典在内的许多欧洲国家也对其最高所得税税率进行了类似的削减。20世纪80年代中期至21世纪初，欧洲国家还将企业所得税率从35%降至20%左右，资本利得税率也有所下降。

欧洲也同样出现了工资停滞不前、生产率增速提高、通货膨胀率下降的情况，这使得利率不断下降，进而使得杠杆率的提高成为可能（而且也确有必要）。从2000年到2009年，英国的债务总额占GDP的比重从GDP的177%飙升至261%（见图2-8），欧洲的债务比率从2000年占GDP的198%上升到2008年的240%以上（见图2-9）。就像美国和日本一样，随之而来的是债务危机。危机过后，英国和欧洲都未能成功去杠杆，因为私人部门债务比率的适度下降被公共部门债务的进一步增加抵消。此外，至少到2017年为止，欧洲的失业率、通货膨胀和经济增长水平都很不乐观，而所谓货币政策全面正常化的前景也非常渺茫，因此，欧洲国家的利率仍处于极低水平。

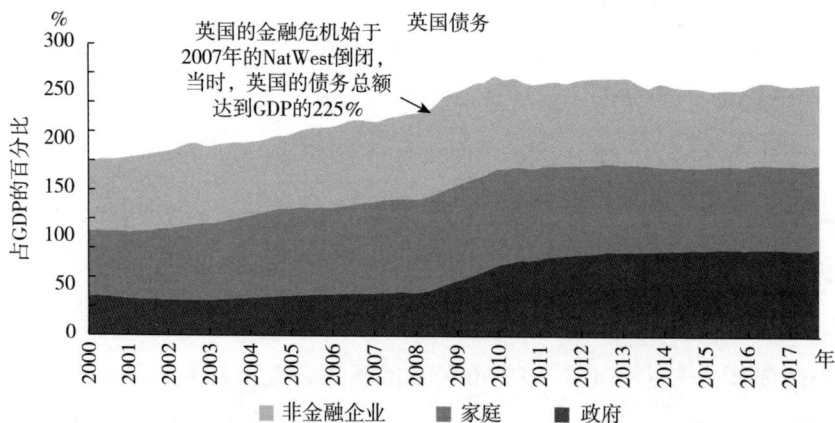

图2-8　英国债务比率在危机后的十年中保持稳定，但没有下降太多

（资料来源：国际清算银行（BIS），http://www.bis.org/statistics/totcredit.htm）

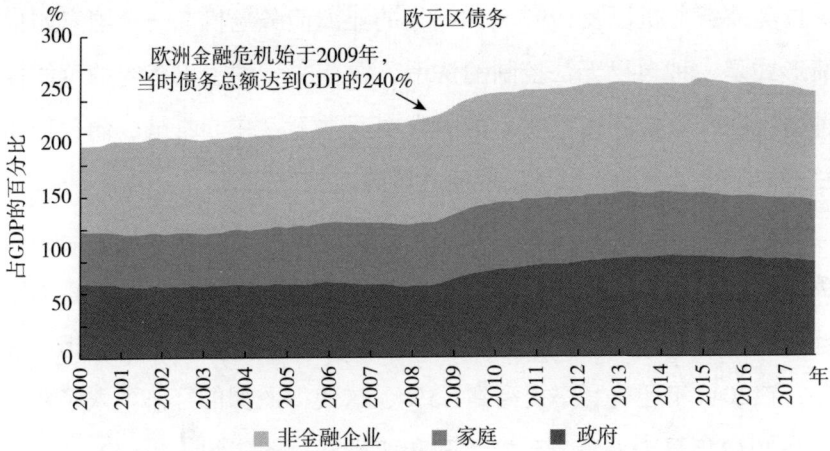

图2-9 欧元区的债务比率在危机后的十年中仍然高于危机前水平

（资料来源：国际清算银行（BIS），http://www.bis.org/statistics/totcredit.htm）

欧美从日本吸取了哪些教训，重蹈了哪些覆辙？

1990年日本债务危机爆发后，日本央行花了八年的时间才将利率降至零。相比之下，美联储（Fed）和英格兰银行（BoE）在2007年危机后仅18个月内就将利率降至接近于零。危机爆发后的21个月内，两家中央银行都在积极进行量化宽松——2008年9月雷曼兄弟公司的强制破产以及对AIG公司的无序救助引发了市场的恐慌，央行被迫做出了回应。美联储和英国央行的大规模资产购买将有毒资产移出银行资产负债表，从而帮助美国和英国避免陷入困扰日本经济数十年的通缩陷阱。2009年之后，英国和美国经济增长仍然很慢，但到2018年，失业率按任何历史标准都降至异常低的水平。

欧元区的经历与英美两国不同，其原因是欧元这个统一货币。在欧元体系下，欧元区国家已将其货币主权交给了超国家实体欧洲中央银行（ECB）。从某些方面来看，这使欧洲的债务危机更像是20世纪80年代初的拉美债务危机以及1997—1998年的亚洲债务危机。一个国家如果其负债形式是一种自己无法控制的法币，便存在一种主权违约的可能性，这种情况在能够控制自己货币的国家中通常不存在。希腊、葡萄牙和爱尔兰不得不接受救助，以防出现债务违约。

欧洲央行对危机的反应迟钝，又进一步恶化了欧洲局势。与美联储和英国央行相反，欧洲央行并未从日本身上吸取教训，它没有将利率迅速降低到接近零，而是在2009年仅将利率降低到1%，然后由于担心通货膨胀，在2011年还将利率提高到1.5%，这使得欧洲的经济陷入了双底衰退，在2012年夏天差点导致意大利和西班牙债务违约（见图2-10）。直到2012年底，欧洲央行才终于开始将利率降低至零，并最终开始实施量化宽松计划。到2013年，欧洲经济触底反弹，开始重新增长，但其复苏落后于英国和美国三年之多。

欧美确实与危机后的日本有一个共同点。危机发生后，欧洲和美国都没有实现任何去杠杆。截至2018年，债务比率仍然与2008年水平类似甚至相较更高。尽管美联储和英国央行设法在2018年之前提高利率，但两国的利率均远低于同样名义GDP增速下的预期值。

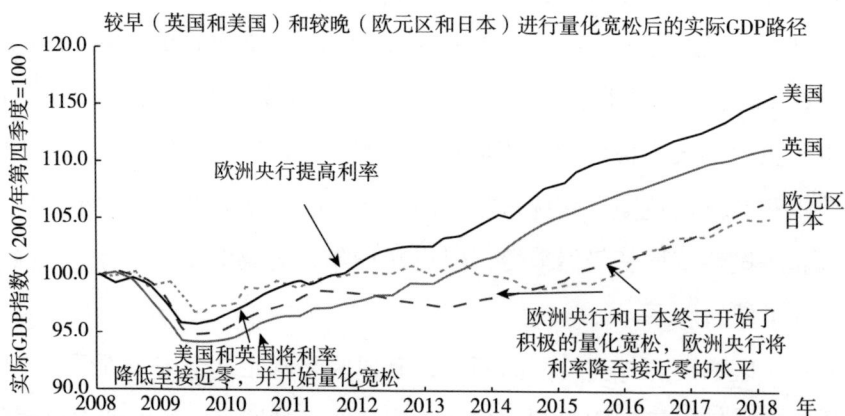

图2-10　在零利率以及积极的量化宽松政策的推动下，英国和美国的经济增长早于欧洲

（资料来源：Bloomberg Professional）

其他国家加入重债俱乐部

在2008年危机后的十年里，美国和欧洲没有从日本的教训中意识到高债务水平的危险，然而，其他国家也逐渐走上了高债务的歧途。中国利用大规模举债投资来对冲2008年的经济放缓，其债务比率从2008年占GDP的140％增长到2016年超过250％。最初，这些投资在2010年和2011年产生了强劲的经济增长，使得中国经济从金融危机中迅速复苏。然而，自2011年以来，中国的经济增长大幅放缓，因为高杠杆的刺激作用已被高债务负担的负面影响抵消。

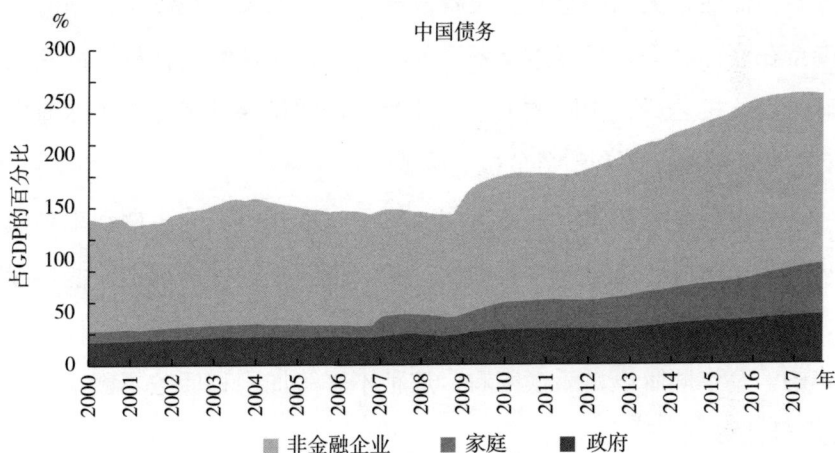

图2-11　中国加入"俱乐部"

（资料来源：国际清算银行（BIS），http://www.blis.org/statistics/totcredit.htm）

除中国外，2008年以来，澳大利亚、加拿大、新加坡和韩国等其他国家的债务水平也升到了美国和欧洲的水平。截至2017年，这些国家尚未经历欧洲、日本和美国那样严重的债务危机，但这部分是因为这些国家的利率持续处于极低的水平。然而，如果在未完成去杠杆目标的情况下，中央银行将利率提高太多，那么这些国家可能会遭受严重的债务危机。

结论

从1980年到2007年，工资的增长落后于生产率的增长，这降低了通货膨胀，并使利率在30年时间里不断下行，带来了许多不利的副作用。一是贫富分化加剧，二是消费者必须依靠借钱来消费超出其工资增幅的产品，债务水平随之飙升。在2007年，市场信心崩溃了。由于房地产价格下跌，放贷人停止出借，银行纷纷倒闭。政策制定者迅速将利率降低至零，以防止经济崩溃。

在2007年之后的十年中，西方渐渐形成一种"新常态"，其特征是经济增长低迷，失业率下降，投资疲软以及生产率增长缓慢。同时，利率维持在底部水平，且基本上各国没有进行整体性的去杠杆。同时，在全球金融危机之后，中国的大幅举债为全球增长提供了支撑，然而也可能会面临明斯基时刻和债务危机的威胁。

高负债水平经济体的维持运作，似乎离不开极低的短期利率和慷慨的央行货币供应，这是一种暂时的"新常态"，这种情况也许能持续下去，直到未来发生更大规模的去杠杆。另一种可能性是，目前仅仅是杠杆化的一个中间阶段，后续来看，这种不平等加剧和债务不断上升的情况还要持续数十年。

主要观点：
- 忽略债务水平的宏观经济模型存在严重缺陷。
- 经济学界的另一个普遍误区是，仅关注公共部门债务，而未能将公共债务和私人债务结合分析。
- 一国的债务是主要以本国中央银行控制的货币计价，还是以无法控制的其他货币计价，这是非常关键的考虑点。
- 债务危机是非常普遍的情况，宏观经济学家需要在其经济增长理论中明确纳入债务负担这个变量，以使得其模型更具现实意义。

第3章
税收与增长：为什么减税未必能刺激增长

Blu Putnam 和 Erik Norland [1]

编者按：本文探讨的内容是，为什么减税通常只会导致政府赤字的膨胀和国家债务的增加，而并未带来持续的经济增长。本文还指出，一些经济学家出于政治偏好而提出的大胆学术假设是存在问题的。

减税在政治上通常很受欢迎。而且，人们也往往假定减税能刺激经济活动，从而进一步增强了其合理性，其逻辑为，较低的税率会带来较高的实际GDP增长，而较快的GDP增长又会在未来带来更多的税收收入。然而，较低的税率与未来经济增长之间的关联性极其脆弱。有关减税与更高的经济增长之间关系的统计证据并不具有一致性，说服力不强。减税经济学理论中的许多关键假设通常被大家想当然地接受。但是，当用更现实的世界观代替这些大胆的假设后，我们却发现，与我们的直觉相反，减税似乎对经济增长没有明显的贡献。即便如此，减税或许对经济增长的影响不大，但相关措施确实可以襄助股票市场，抬高股价。

本文首先分析了减税经济学的内在逻辑。经济理论一般认为，较低的边际税率会推动更多的投资和经济活动，但是，这种促进作用是否真实存在，取决于边际税率下降的同时是否伴随着实质性的税收改革和简

---

[1] 免责声明：文中所举事例皆是对情况的假设性解读，旨在说明观点。这里表达的观点仅反映作者本人的观点，不一定反映其所在单位，即芝加哥商品交易所或其附属机构的观点。文中的信息不应被视为投资建议，亦不作为对实际市场情况的分析结论。

化。不幸的是，政治程序很难促成实质性的税收简化和改革。因此，税率下调的实际作用，往往低于对未来经济增长的政治口惠，而持续推动投资决策的也不是减税本身，而是税收漏洞。

然后，本文以美国为例进行分析。在20世纪80年代里根政府期间，美国大幅降低了边际税率，同时还简化了一些税收。在经历了1980年至1982年的经济衰退之后，80年代的剩余时间里，经济增长相当强劲，但不及70年代的增速。减税政策使美国联邦政府的财政状况恶化，美国债务水平从1980年占名义GDP的31％激增至1992年的62％。另外，20世纪90年代美国的适度加税似乎并未显著妨害经济活动，但却大大改善了政府的财政状况。克林顿政府甚至在后期实现了预算平衡，这可能会是一个后无来者的里程碑事件。

税收理论与"拉弗曲线"

在20世纪70年代，经济学家亚瑟·拉弗（Arthur Laffer）的著名文献点燃了关于减税对经济的影响的学术讨论，这些在里根时代的政治语境中称作"供给经济学"。拉弗[1]和其他合著者，包括Victor Canto，Marc Miles、Douglass Joines等人[2]，进行了一些出色的研究。他们开发的关于减税与未来经济增长的关系的理论模型既优雅又直观，该模型还提出了一些大胆的简化假设；当然，事后诸葛的我们都知道，"魔鬼"恰恰存

---

[1] Victor A. Canto, Douglas H. Joines, and Arthur B. Laffer, 1982, *Foundations of Supply-Side Economics：Theory and Evidence*，New York：Academic Press. 另有一篇很好的综述：Laffer, Arthur B., 2004, "The Laffer Curve：Past, Present, and Future", *Heritage Foundation Backgrounder* No. 1765, pp. 1176-96.

[2] Victor A. Canto, Marc A. Miles, 1981. "The Missing Equation：The Wedge Model Alternative", *Journal of Macroeconomics*，3（2）：247-269. https://doi.org/10.1016/0164-0704（81）90017-3.

在于这些假设的细节中。

　　税率与经济增长之间的实质关系可以在拉弗曲线中直观地看到（见图3-1）。随着最高边际税率从零开始不断上行，税收收入占GDP的百分比也在上升，直至一个极限点。而后，随着最高边际税率的上升，它对个人和公司起到的抑制作用也越来越强，税收收入占GDP的百分比也开始下降。

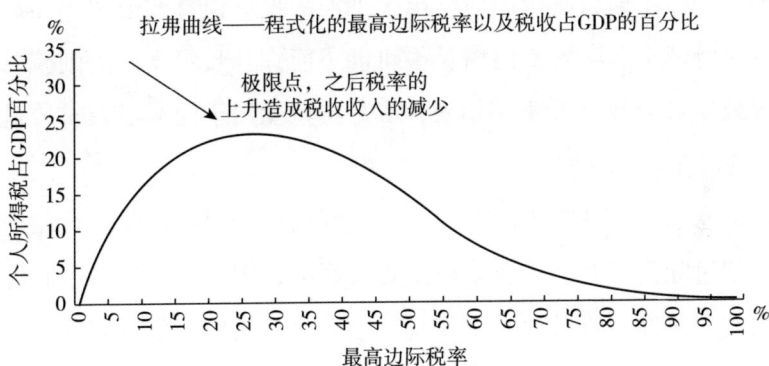

拉弗曲线——程式化的最高边际税率以及税收占GDP的百分比

图3-1　拉弗曲线

（资料来源：CME集团）

　　请注意，拉弗曲线是减税理论的程式化展示，税率的实际税收极大点存在很大争议，更不用说曲线本身的形状了。[①]

　　拉弗曲线的"阿喀琉斯之踵"是其过于大胆的简化假设，即最高边际税率驱动着个人支出和企业投资的决策。不幸的是，税法异常复杂，存在各种特殊的扣除和漏洞。因此，最高边际税率与实际消费者支出和商业投资之间的联系很脆弱，甚至两者无甚关系。

　　此外，即使公司或个人获得了大幅度的实际减税，也无法保证减税就一定会影响GDP的组成部分。例如，公司可能决定使用这些额外资

---

① 坊间传言，20世纪70年代的一个深夜，拉弗在华盛顿一家酒吧里的一张餐巾纸上画出了最初的"拉弗曲线"。

金来回购股票，为债务再融资，提高支付给股东的股利，或进行战略收购。尽管所有这些活动都可能会增加股东价值，但它们对实际GDP增长没有直接贡献。只有公司增加国内商业投资，才可能会影响到未来的GDP增长。减税对个人的影响，尤其是对富人的影响，也类似于企业。相比普通工薪阶层，高收入人群会留存更多减税所得。因此，减税偏向穷人还是富人，是一个关键的问题。还有一个问题，就是政府支出是否保持不变。如果通过减少政府支出来抵消减税对预算的短期负面影响，那么减税所带来的实际支出增长很可能不能弥补政府支出的削减，因为一部分减税将会被个人留存起来，或是被企业用于回购股票，或是作为股票红利派发。

税收改革对经济增长最有说服力的好处在于税收简化。税收简化确实可以使边际税率对经济决策产生更大影响，因为它将消除税收漏洞。虽然政客们往往鼓吹减税方案将有税收简化的内容，但在实践中，真正做到的极为罕见。

美国的案例

美国一直是分析税收变化的非常有趣的实验室。在过去的一个世纪中，美国的个人和公司所得税税率以及特殊扣除和漏洞有过多次变化。以个人所得的最高边际税率为例，该税率始于1913年，但不足10%，仅适用于最富有的个人。到20世纪50年代，最高税率达到90%，但适用者仍然不多。

在20世纪60年代，最高税率降低到70%，税基有所扩大，许多税收扣除和漏洞被纳入税法。在里根执政的20世纪80年代，最高税率大幅度降低，降至28%，并且出台了一些实质性的税收简化政策，最高税率的税基大大扩展。20世纪90年代，布什和克林顿任总统期间，最高税率又有所提高。简而言之，随着时间推移，美国的最高税率起起落落，其税基也大小不一（见图3-2）。

图3-2　美国最高边际税率

（资料来源：税收政策中心）

http://www.taxpolicycenter.org/statistics/historical-highest-marginal-income-tax-rates

注：税率适用于不同收入水平，较高的税率仅适用于极少数富人，较低的税率通常旨在扩大税基，其适用于更多人。

然而，这些税率变化均未对过去六十年来不断放缓的经济增长产生明显影响。在20世纪60年代，美国算得上是一个增速达到5％的经济体。此后的每个十年，经济增速均呈现稳步下滑的趋势，在经历了2008—2009年的大衰退之后，2010—2017年期间的经济增长已经降至约2％（见图3-3）。

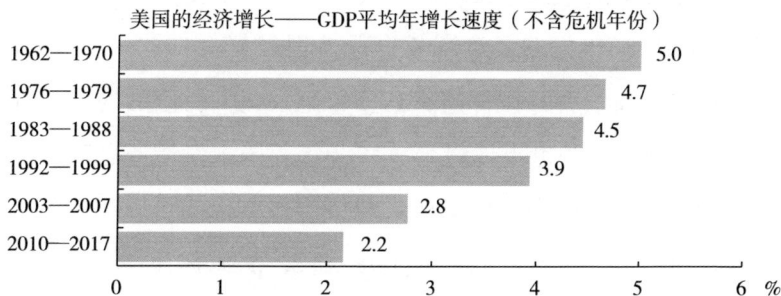

图3-3　美国经济增长

（资料来源：圣路易斯联储银行FRED数据库）

实际上，我们认为，自1950年以来，美国受益于三个增长驱动力。20世纪50年代和60年代的主题是战后复苏、建立现代经济和改善基础设施，项目例如州际公路系统以及《GI法案》下的教育投资，其结果是劳动生产率的快速提高，以及GDP增长高于长期平均水平。20世纪70年代和80年代的主题是婴儿潮一代进入劳动力大军。所谓婴儿潮一代，指的是在"二战"结束至20世纪60年代初期出生的人群，他们在20世纪70年代和80年代开始迈入成年，导致劳动力大军的快速扩张。随着这些新劳动力被吸收到经济中，美国的战后经济增长得以保持。但是，从20世纪90年代开始，增长驱动力开始转向。

可以做一个简单计算，实际GDP增长可以分解为劳动力增长和劳动生产率的增长。美国的劳动生产率增长在21世纪最初十年已经开始放慢，不过，更大的影响因素是人口结构，婴儿潮一代渐次开始退休，而后来的几代人人数较少，无法完全取代婴儿潮一代，导致劳动力增长率非常低——2008—2009年大衰退之后的复苏期，劳动力增长率仅为1%。可见，人口结构因素在潜在GDP增速下滑方面发挥了极大的作用，相比之下，税制的改变对经济增长的影响实在难以显出。

不过，如果确实要研究减税对GDP增长的影响，那么20世纪80年代的情况是无论如何绕不开的。其间最高边际税率从70%降至28%，并且出台了一些税收简化政策。在人口结构方面，由于婴儿潮一代处于其主要工作年龄段，80年代的经济增长也保持得很好。1983—1990年，政府税收收入占GDP的百分比保持在17.5%至18.6%的范围内，但预算赤字却增加了，国家债务也出现飙升。1980年美国未偿债务总额约占GDP的31%，1990年该比率则超过53%。政策层原本以为可以通过降低税率（以及税收简化）来实质性地刺激GDP增长，从而弥补预算赤字，但这个想法并没有如愿实现。

美国联邦政府收入和支出占GDP的百分比

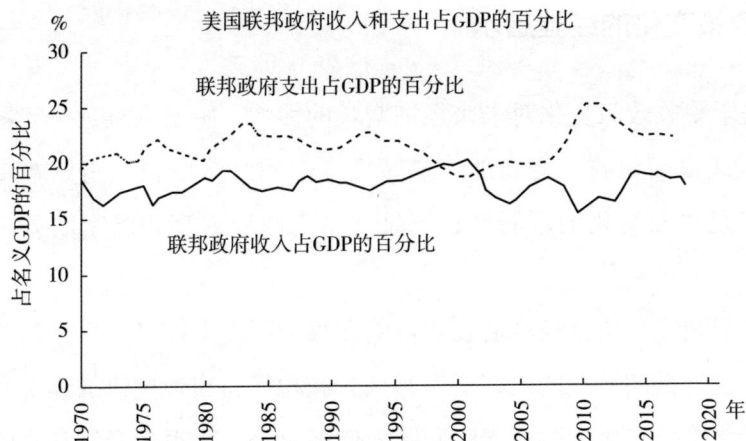

图3-4　美国政府收入和支出

（资料来源：圣路易斯联储银行FRED数据库）

　　20世纪90年代的美国总统，无论其是共和党还是民主党，都决定提高税率来缩小预算缺口。联邦债务从1993年占GDP的64％下降到2001年占GDP的55％。但这一过程在21世纪被扭转，在2008年大衰退之后，政府支出猛增。到2013年，美国的国债占GDP的比重为101％。从2013年到2016年，由于政府支出受到严格控制，经济增长大致温和，因此国债与GDP比率仍相对稳定，为GDP的105％左右（见图3-5）。

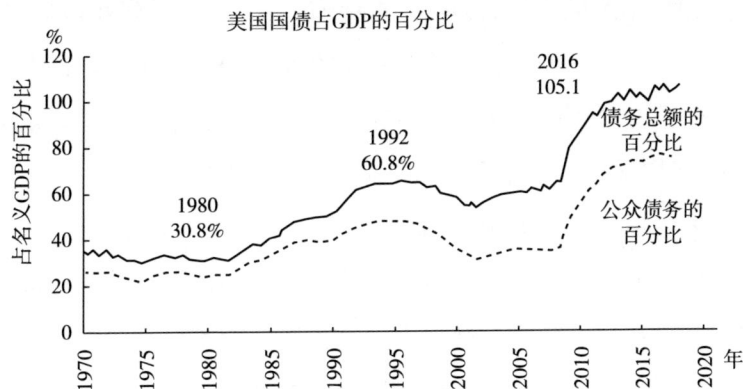

美国国债占GDP的百分比

图3-5　美国国债

（资料来源：圣路易斯联储银行FRED数据库）

税收政策变化的经验启示

关于税收政策变化对未来经济增长的影响，主要围绕三个问题：一是降低或提高税收是否会加速或减缓未来的经济增长，正如本章的分析；二是税收简化的可能性；三是对未来政府赤字和国家债务水平的影响。

关于减税和未来经济增长的辩论在很大程度上使经济学家与政治家意见对立。鼓吹减税的政客们通常认为减税后将出现更快的经济增长，从而最终降低未来的政府赤字和国家债务水平。而很多经济学家则偏于本研究的观点，认为在面临严峻的人口结构不利因素时，减税未必会带来更高的经济增速。

我们最初的、简单的预测情形通常假设不会出台太多税收简化措施，这是由于税收扣除和税收漏洞背后的特殊利益群体都非常强大。如果我们假设政府出台重大的税收简化政策，那么也许减税对增长的刺激作用会更大一些。

我们可以以美国企业税为例来说明税收简化对经济增长的重要性。不过，在此之前需要强调的是，对美国的企业税数据的解读难度很大。以2016—2017年的税收数据为例，据报道，2016年7月到2017年6月的四个季度里，美国联邦政府收到的企业税收入为4090亿美元。许多人使用这个总体数据去分析减税措施的潜在规模，但是这个数字里还包括联储银行系统支付的税款，这给税收分析带来了很大的问题。

自大衰退以来，美联储系统经历了一段称为"量化宽松"（QE）的大规模资产购买期，其中的美国财政部债券和抵押贷款支持证券产生了可观的利润。除了很少一部分用于充实自身资本，其余利润均被美联储缴纳至美国财政部。从2016年7月到2017年6月，这些缴款（名义上是美联储缴纳的企业税）总计达860亿美元，占到了其利润870亿美元的近

99％（见图3-6）。显然，美联储的缴款属于一个特例，应从企业税的分析中排除出去。

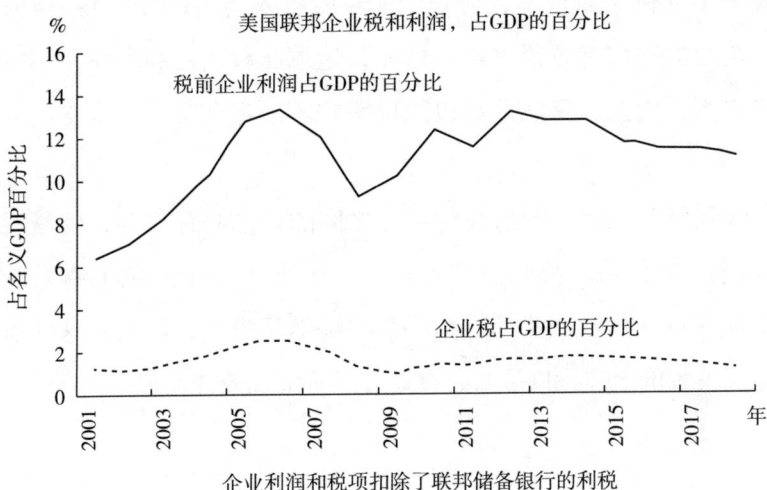

美国联邦企业税和利润，占GDP的百分比

图3-6　美国联邦企业税和利润

（资料来源：圣路易斯联储银行FRED数据库）

这番操作后，2016年第三季度到2017年第二季度美国的企业税收总额约为3230亿美元，约占GDP的1.7％。对于一个年GDP接近20万亿美元的经济体而言，这不是很高的税收水平。因此，仅就这一点来说，我们便不应高估减税措施在刺激未来经济增长方面的作用，因为减税措施对GDP的贡献比例本就不大。当然，对于企业税负在经济中所占比例较高的国家而言，大幅度减税对经济增长的影响可能会更大一些。

结论

我们对美国案例的研究得出的一个主要发现是，税收漏洞似乎能起到更大的作用，而此前关于减税的文献里都假设不存在税收漏洞。在2016年第三季度至2017年第二季度期间，美国企业的税前利润占GDP

（不包括联储银行的收入）的11.35%[①]。如前所述，同期企业税收收入占GDP的1.7%。鉴于2017年美国的最高边际税率为35%，很明显，美国企业大多不支付最高税率，否则企业税收收入会占GDP的将近4%。实际上，企业的平均有效税率约为15%，这意味着，最高税率并不驱动商业投资决策，因此，降低最高边际税率并不一定会带来资本支出的显著增加。

　　尽管我们对税率降低与经济增长之间的联系心存悲观，但减税确实会对市场产生影响。减税显然有利于股票市场，企业税下调为股票回购、增加股息支付和战略性并购等活动提供了资金，而所有这些操作都有可能促进股价上升，只是未必有显著经济增长效应而已。

---

① 资料来源：圣路易斯联储银行FRED数据库。

第4章
收益率曲线：预测衰退

Erik Norland 和 Blu Putnam[①]

编者按：当收益率曲线平缓时，即短期利率趋近、甚至高于长期债券收益率水平时，股票市场往往会出现较大波动，而经济衰退也往往会随之而来。本章探索了货币政策与经济表现之间的反馈关系，有助于我们理解为何经济增长逐渐停滞（与人口老龄化的因素无涉）。

　　虽然鲜有这方面表述，但多数的经济思想流派（包括货币主义和凯恩斯主义）的一个隐含的观点是，经济衰退是无法预测的，且是随机发生的。本章将证明事实并非如此。我们认为，经济在周期中循环运动，而周期的驱动因素是货币政策对失业、信用利差和股指波动的作用力，以及上述三个变量对货币政策的反作用力。

　　衡量货币政策松紧程度的一个指标是收益率曲线的缓急，其体现长期和短期利率之差值。当收益率曲线陡峭时，长期利率高于短期利率。这对于银行来说是一个有利的情况，通过从存款人以及包括中央银行在内的其他金融机构廉价地借入短期资金，同时以更高的利率贷出长期资金，银行从中获得了盈利。

　　陡峭的收益率曲线表明目前的货币政策较为宽松，其意味着中央银行将短期利率保持在长期均衡水平以下，此时，银行和其他金融机构有

---

① 免责声明：文中所举事例皆是对情况的假设性解读，旨在说明观点。这里表达的观点仅反映作者本人的观点，不一定反映其所在单位，即芝加哥商品交易所或其附属机构的观点。文中的信息不应被视为投资建议，亦不作为对实际市场情况的分析结论。

意愿向公共和私人部门提供信贷。信贷活动又往往会降低失业率，缩小信用利差，降低股票市场的波动性。

反之，当收益率曲线趋近于平坦形态甚至出现倒挂时，它将减少资金贷出人的利润，金融机构不再能够通过短借长贷来赚钱。这也表明中央银行已将利率提高至接近或高于其长期均衡水平，旨在抑制信贷扩张，放缓经济。货币政策收紧最终会导致失业率上升，信用利差扩大以及股市波动加剧。

收益率曲线与失业率、信用利差和股票市场波动性之间的这种反馈作用体现为一个包含四个阶段的周期。既然是周期，它的起点和终点都是由我们自由界定的，因此我们将经济周期的底部作为起始，将经济的整个扩张阶段直至下一个低点作为整个周期。

经济衰退阶段：1990年、2001年和2008年的经济衰退之前，都出现了收益率曲线趋于平坦或倒挂的情况。在经历了几年的平坦曲线之后，信用利差开始扩大，股指波动性飙升，失业率上升。

早期恢复阶段：每次衰退后的恢复初期，由于信用利差扩大以及股市波动性和失业率上升，中央银行开始降低利率，收益率曲线随之逐渐陡峭。早期恢复阶段通常较为痛苦，市场仍然不甚景气，就业市场依旧疲软。

中期复苏阶段：到这个阶段，宽松货币政策的作用开始显现。信用利差不断缩小，股市渐趋稳定，失业率缓步下降。中央银行开始放心地收紧货币政策，从而使收益率曲线从非常陡峭逐渐走向相对平坦。

后期扩张阶段：此时，政策紧缩仍在加码。鉴于失业率处于低位、信用利差偏窄以及股市总体稳定，中央银行允许收益率曲线进一步变得更为平坦甚至倒挂。最终，这转化为信用利差和股票市场波动性的陡增，随后便是失业率上升和另一场衰退。

为了更直观地理解这其中的原理，我们以具体的变量和经济周期来做进一步分析。我们首先分析失业，然后是信用利差，最后考察标准普尔500指数期权的指数VIX。

收益率曲线与失业的反馈机制

1979年，吉米·卡特总统任命保罗·沃尔克为美联储主席，并将消灭通货膨胀的艰巨任务委托给他。沃尔克最终成功了，他将利率提高到20%的水平，使美国经济陷入了双底衰退，将失业率提高到1982年的10%以上，在此之后，美国的通货膨胀从未恢复到之前的水平。1982年，美联储已经开始着手降息。从1982年到1988年，30年期美国国债的平均收益率比三个月期美国国债高出约200~250个基点（bps）。经济开始繁荣，失业率随之下降（见图4-1）。在1988年和1989年，沃尔克的继任者艾伦·格林斯潘开始提高利率，以防止经济过热。到1989年，收益率曲线逐渐变得平坦，储蓄和贷款机构逐渐开始经营困难，1990年，投资银行Drexel Burnham Lambert破产，高收益债券市场陷入混乱。

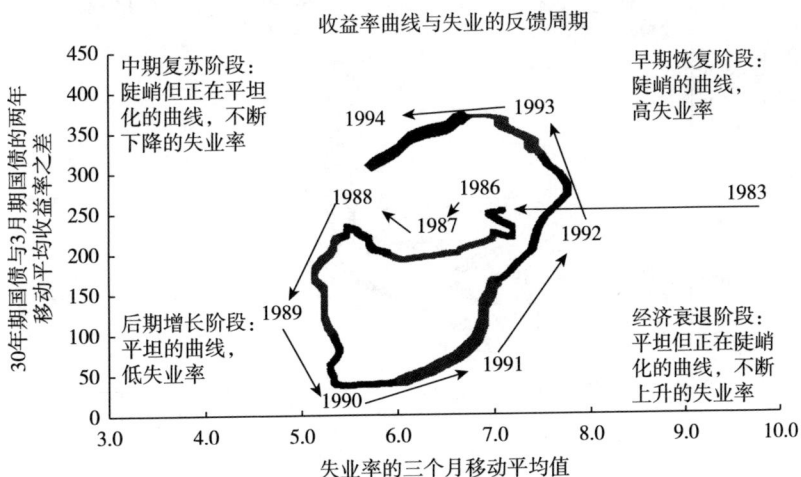

图4-1　20世纪80年代的周期

（资料来源：Bloomberg Professional）

由于美国经济在1990年末和1991年初陷入衰退，美联储大幅度降息，失业率从5.4％上升至7.8％。到1992年，美国的收益曲线已经较为陡峭，失业率于当年7月达到顶峰，并再次开始下降。美联储的宽松立场一直保持到1994年初，之后再次开始收紧货币政策。到1995年，美联储取得了斐然的成绩：经济实现软着陆。

此时，失业率在一段时间内保持不变，而令美联储感到惊讶的是，生产力正在蓬勃提升，工资上涨压力却非常小。因此，美联储的货币政策略有放松。

正因为美联储的宽松政策，收益率曲线并未一路走向平坦，3月期国债和30年期长期债券收益率之间存在约140个基点的差距。因此，失业率在1997年再次开始下降，到2000年初美联储将收益率曲线整理到平坦形态时，失业率甚至已经下降至3.9％（见图4-2）。

收益率曲线与失业的反馈周期

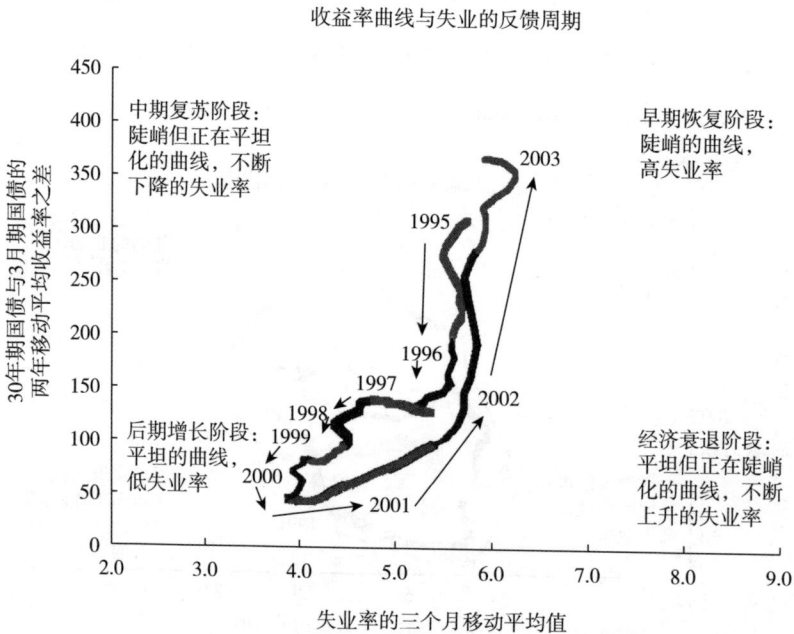

图4-2　20世纪90年代的经济繁荣和生产力革命
（资料来源：Bloomberg Professional）

平缓的曲线压抑了商业投资，造成失业率在2001年的飙升。因此，在2001年底，美联储又将利率下调至1.75%。之后，由于经济未能如愿复苏，美联储在2002年底将政策利率设定为1.25%，在2003年6月进一步降至1%。低利率引发了大规模的房市泡沫和消费信贷狂潮。随着收益率曲线走向陡峭，劳动市场终于在2003年下半年开始好转。

此时，美联储认为有信心控制局面，于是在2004年6月启动加息。在连续17次加息之后，到2006年6月，美联储的政策利率回到了5.25%，收益率曲线再次趋平。经济持续增长，直到2007年春季失业率降至4.4%的最低点，并开始缓慢上升。之后，次贷危机失控，2008年和2009年失业率激增。到2008年底，美联储的政策利率降至接近于零。一年后，失业率达到10%的顶峰，然后开始缓慢下降，每年下降约0.7%（见图4-3）。在2015年和2016年两次加息之后，美联储在2017年开始实施更加激进的紧缩政策，三次加息，并开始缩表。

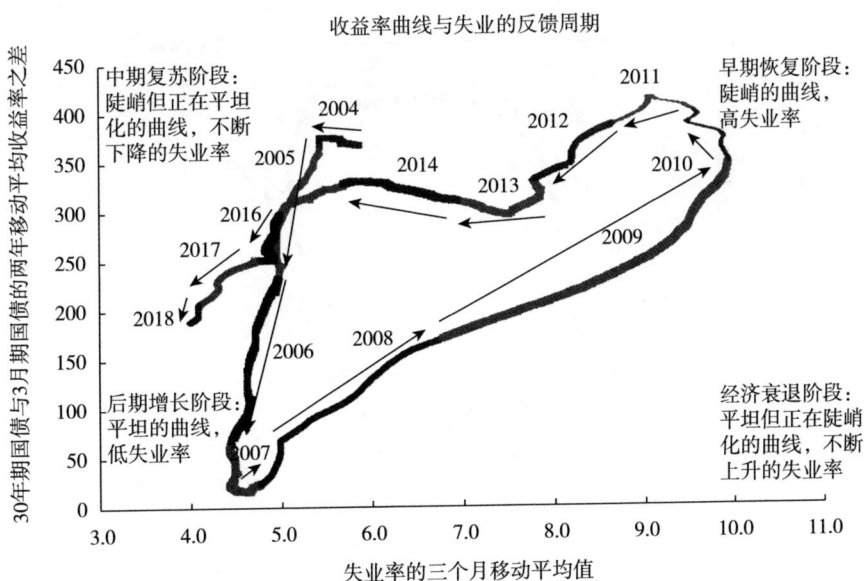

图4-3　2004—2018年的周期

（资料来源：Bloomberg Professional）

收益率曲线与信用利差的反馈机制

收益率曲线与信用利差之间也存在相似的作用周期。每天和每月的信用利差和收益率曲线都存在波动，不过，我们感兴趣的不是某一天的确切市场状态，而是整体的大气候趋势。因此，为了考察信用利差与收益率曲线之间的关系，我们使用500天（两年）的移动平均值来平滑这两个变量，然后将结果绘制为散点图，其结果非常理想：两者关系的逆时针形态几近完美。

由于没有像VIX或失业率那样长的信用利差数据序列，我们仅研究两个完整周期：一个是从20世纪90年代中期经济增长到21世纪初期经济增长（见图4-4）；另一个是21世纪初期的经济增长到2018年（见图4-5），2018年似乎处于经济扩张的中后期。

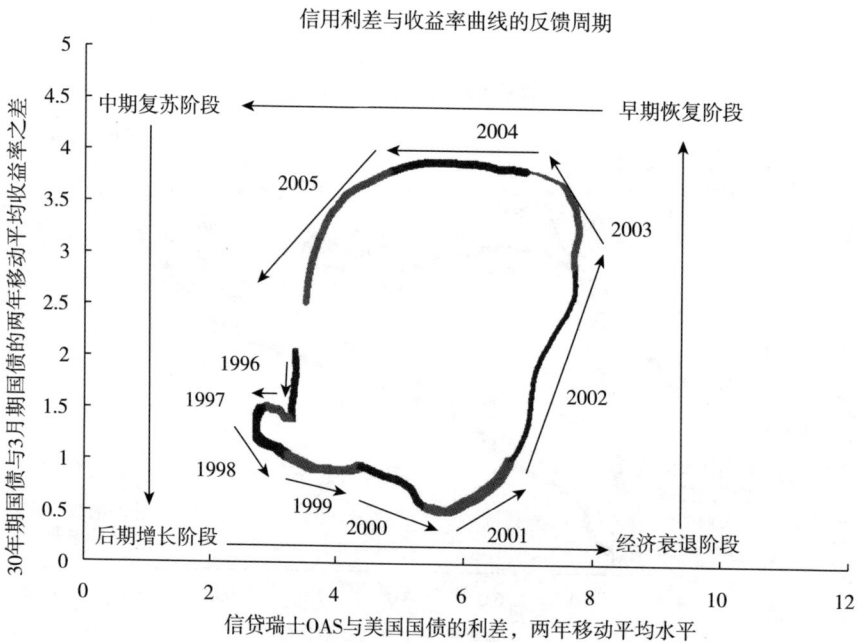

图4-4　20世纪90年代中期至21世纪初期的经济增长

（资料来源：Bloomberg Professional，芝商所经济学研究）

信用利差与收益率曲线的反馈周期

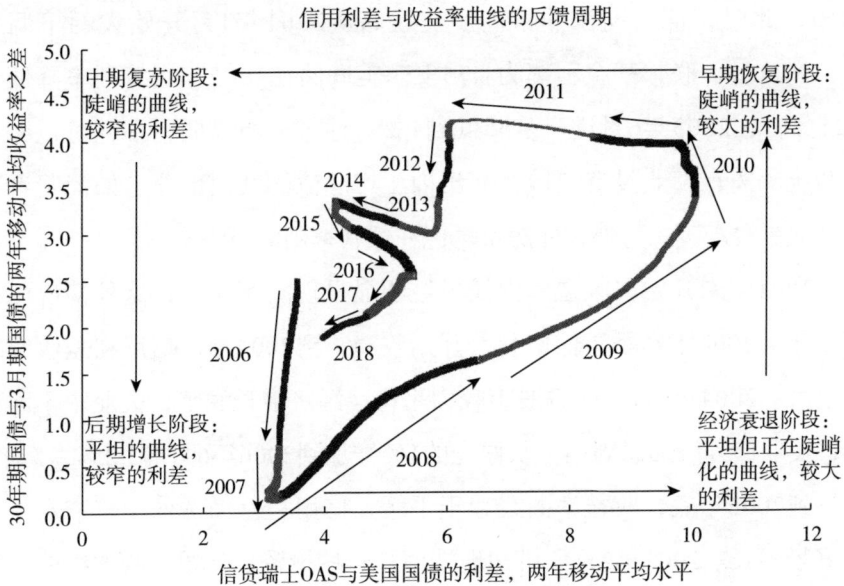

图4-5 2006—2018年的周期

（资料来源：Bloomberg Professional，芝商所经济学研究）

图4-4起始于20世纪90年代中期的经济扩张。是时，储贷危机和Drexel Burnham Lambert投行的倒闭已经是遥远的回忆。在美联储的宽松货币政策下，从1991年底开始，信用利差就不断收窄，并在1994年紧缩货币政策出台后仍然保持收窄趋势。在图4-4的起点，即1996年，信用利差处于较低水平，收益率曲线仍具有一定的陡峭度，但在趋向平坦的过程中。1997年3月，美联储将利率提高至5.5%，此后不久便出现了一系列的麻烦。1997年6月，泰铢不再盯住美元，引发了一场危机，这场危机迅速让除中国以外的亚洲大部分地区深陷经济低迷，在1998年引发俄罗斯债务违约以及大型对冲基金LTCM的破产。美联储在1998年夏秋之际将利率降至4.75%，从而避免了美国的经济衰退，但在1999年6月再次开始加息，2000年3月联邦基金利率达到6.5%。在此期间，信用利差大幅扩大。

到2001年，经济实际上已经处于衰退状态，这段时间也被称为"科技萧条"，其特征是商业投资的大幅萎缩，纳斯达克100指数下跌超过

80％，此时，信用利差非常高。美联储从2001年1月开始大幅下调利率，到11月，联邦基金利率为1.75％。美联储在2002年底将利率降低到1.25％，在2003年6月进一步降低到1％。通过大幅降低利率，可以将衰退情况隔离在商业投资领域，而国内生产总值的其他部分，如消费者支出，则缓慢走暖，另外，住房市场也在低利率刺激下逐渐繁荣。

2001年末开始，收益率曲线已经明显呈现陡峭状态，这种情况保持了三年。2003年春季，信用利差开始收窄，到2004年，信用利差收窄幅度很大。2004年6月，随着股市较为平稳，经济增长稳定，失业率不断下降，美联储开始加息周期，从原先的1％增加到2006年6月的5.25％。

到2006年底，收益率曲线趋于平缓，信用利差仍然处于较窄水平，但好景不长。2007年2月危机初现端倪，一些投资者开始担心次级住房贷款的质量问题。2007年7月和8月，信用利差出现爆炸性扩张，最终达到了比1990年或2001年更高的水平。图中，信用利差—收益率曲线从底部急剧向右跃迁，这标志着经济增长阶段即将结束。

美联储起初缓慢降息，但2008年9月雷曼兄弟破产的处理不当以及对AIG的纾困造成了大面积的金融恐慌，美联储不得不加快了降息步伐，2008年底利率降至0.125％。在2008年第四季度，美联储还创设了三种特殊目的工具，并注资1万亿美元，通过从金融系统购买"有毒"资产，很大程度上修复了美国银行的资产负债表问题，帮助它们更快走出危机。[1]（参见第15章对美国2008年金融危机处置措施的评述，这些措施帮助美国银行比欧洲银行更快地走出了危机）。

美联储的降息行动发挥了作用。到2009年，收益率曲线明显趋向陡峭，当年3月的信用利差开始收窄，到2011年，信用利差已大幅减小。但

---

[1] Putnam, B. H., July 2014, "Evaluating different approaches to quantitative easing: lessons for the future of central banking", *The Journal of Financial Perspectives*, 2（2）: 109-119.

是，从那之后，由于一些因素的影响，我们的收益率曲线—信用利差的散点图不再如之前时代那么平滑。

三轮量化宽松（QE）使收益率曲线有些扭曲。当美联储再也无法降低利率时，虽然经济复苏已经较为稳固，就业也在不断向好，但美联储仍然在沿着收益率曲线购买债券（又称"期限扩展计划，Maturity Extension Program"），这可能导致收益率曲线不如原先那样陡峭。此外，没有明确的证据表明，在经济已经明显开始复苏后所实施的量化宽松政策能有助于进一步刺激增长或通货膨胀。（有关美联储量化宽松计划的评述，请参阅第14章。）

当美联储于2012年初开始实施QE3时，经济增长并未加速，但收益率曲线却有所平缓，信用利差一度不再继续收窄。当美联储于2013年5月宣布逐渐退出QE3时，信用利差再次开始收窄，到2014年底已大幅下降。

2015年，全球油价开始暴跌，从每桶90美元跌至50美元以下，到2016年2月一度低至26美元，信用利差再次剧烈扩张。在这段时间内，美联储鼓足勇气在2015年12月操作了一次加息，但未对收益率曲线产生太大影响。

到2016年底，油价已经反弹，人们对能源部门信贷危机的担忧逐渐消退。随着利差再次收窄，美联储开始采取更为激进的加息步伐，2016年12月加息一次，之后直到2018年，平均每两次FOMC会议后会加息一次。此外，美联储还开始逐步退出量化宽松政策，缩减其资产负债表规模，抛下到期资产，不再将收益用于重新投资，这导致收益率曲线出现一定程度的平坦化，从而使收益率曲线—信用利差达到类似于2005年的位置。

但是，周期位置虽然类似，但2018年与2005年有很大的不同。在2018年，经济失衡情况没有2005年那样明显，没有严重的房地产泡沫。尽管标普500指数从2009年3月的666飙升至2018年初的2600左右，但似乎未出现明显的股市泡沫（当然，泡沫也许只有在事后才知道）。贴现远期现金流所用的长期利率相比于当前的核心通货膨胀率而言处于较低水平，某些资产估值比率较高。简而言之，到2018年初，收益率曲线已经退出中期复苏阶段，进入了后期扩张阶段，但是，收益率曲线并未倒挂，未有迹象表明即将出现衰退。

收益率曲线与股票指数波动周期

VIX是标普500指数期权的隐含波动率的指数，其每日数据序列波动非常频繁。为查看其与收益率曲线的关系，我们通过取两年（500个工作日）的移动平均值来平滑变量，然后将结果绘制在散点图上。

显示结果是一个非常理想的逆时针动态轨迹。从我们定义的周期起点出发，美联储对经济下滑做出了政策回应，大幅降低短期利率。由于短期利率远低于长期债券收益率，收益率曲线陡峭且向上倾斜，伴随而来的是经济复苏和股市波动减小。而当经济持续增长、股市运行相对平稳时，美联储便有信心退出宽松的货币政策，调平收益率曲线（即在债券收益率稳定的情况下，调高短期利率）。最终，紧缩的货币政策态势，加上平坦的收益率曲线可能带来经济衰退以及股票和信贷市场的大幅度调整，进而导致波动性指标急剧上升。市场高度动荡及经济崩溃迫使美联储降低短期利率并放宽相关政策，从而支持经济复苏。如此周而复始（见图4-6至图4-8）。

上述四阶段周期在下面几个时期都得到了典型的演绎：（1）1990—1999年，以华尔街的"科技萧条"、经济低迷和失业增加为结局；（2）2000—2008年期间，以悲壮的"房地产崩溃"和华尔街恐慌以及失业率急剧上升为结局；（3）2009年开始（截至2018年），在2018年进入第四阶段，不过目前尚未有明显的衰退迹象。

标普500指数期权的波动率与收益率曲线的反馈周期

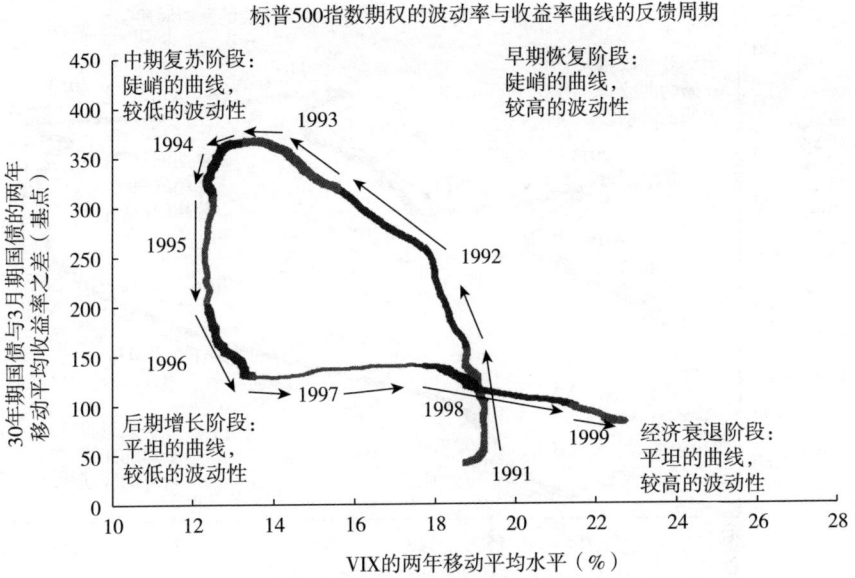

图4-6　1990—1999年的股市波动性与收益率曲线

（资料来源：Bloomberg Professional，芝商所经济学研究）

标普500指数期权的波动率与收益率曲线的反馈周期

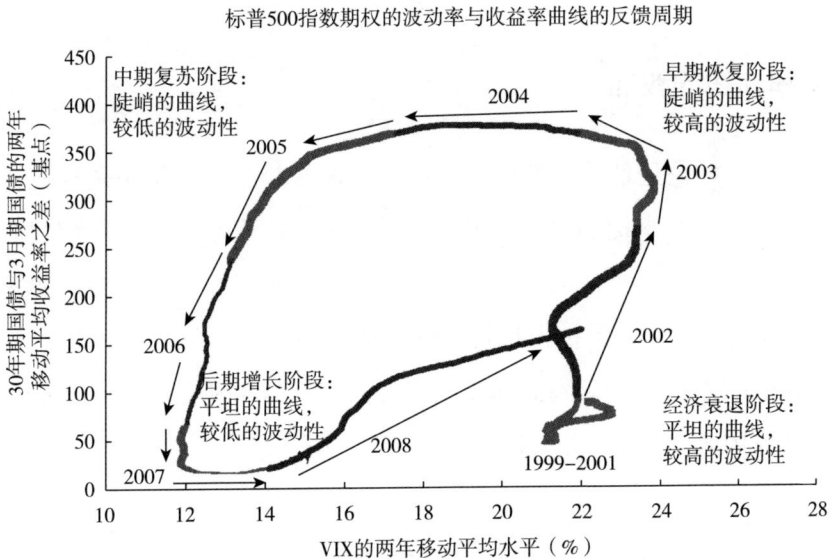

图4-7　2000—2008年的股市波动性与收益率曲线

（资料来源：Bloomberg Professional，芝商所经济学研究）

标普500指数期权的波动率与收益率曲线的反馈周期

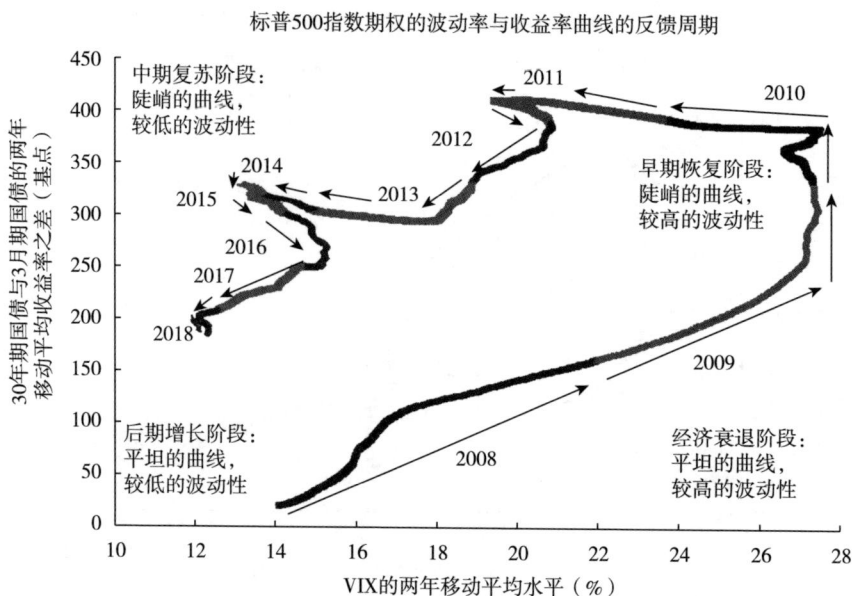

图4-8　2009—2018年的股市波动性与收益率曲线
（资料来源：Bloomberg Professional，芝商所经济学研究）

收益率曲线的教训

我们的结论已然非常明确，当收益率曲线趋于平坦甚至是倒转时，表明央行已将利率提高至接近或高于其长期均衡水平，其旨在抑制信贷扩张，减缓经济增长。如果此时的货币政策过于紧缩，则最终可能导致失业率上升、信用利差扩大和股票市场波动性增加。

我们的研究表明，收益率曲线与失业率、信用利差和股市波动之间的反馈作用形成了一个四阶段周期。

衰退：平坦或倒挂的收益率曲线通常是衰退的前奏。

早期复苏：信用利差扩大，股票波动性和失业率上升，作为回应，中央银行降低政策利率，使收益率曲线变陡。

中期复苏：信用利差逐步缩小，股市趋向平稳，失业率缓步下降，这使中央银行有信心开始收紧货币政策，而这促使收益率曲线从非常陡峭变得更为平坦。

后期经济扩张：央行继续政策收紧过程。鉴于失业率较低，信用利差偏窄，中央银行将短期利率推至更高水平，使收益率曲线变得相当平坦，甚至形成倒挂形态。这个最后阶段有可能会引发信用利差和股市波动的激增，导致失业率上升和另一场经济衰退。然后又步入另一个新的周期，循环往复。

第5章
人口结构：评估经济增长潜力

D. Sykes Wilford[1] 和 Blu Putnam[2]

编者按：自20世纪50年代以来，经济文献通常假设人口结构保持稳定。人口统计数据的变化确实非常缓慢——仿佛就像看着油漆变干一样——因此，在月度或季度的时间框架分析中，人口结构因素很少得到体现。但是，如果我们忽略这些静静发展的人口结构，却往往会带来政策错误和经济预测偏差。

　　人口结构是经济增长潜力的重要驱动因素之一，其作用不亚于经济体制、政治稳定程度、产权制度和法治水平等。经济学家兼教士托马斯·罗伯特·马尔萨斯（Thomas Robert Malthus）[3]关于人口增速超越地球承载能力的观点引发了激烈的辩论，这也使得19世纪初的经济学家非常重视人口统计数据。不过，在"二战"之后的现代经济学时代，人口结构因素并非主流经济学家最为关心的变量（这种情况直到最近才有所改变）。基础经济学教材往往低估人口统计特征的影响，而宏观经济增长模型通常简单地假设人口年龄分布恒定且劳动力稳定增长，这些草率的假设造成了经济学分析的缺陷，使得长期宏观经济预测不准确。

---

① 南卡罗莱纳州Citadel商学院Hipp金融学教授。

② 免责声明：文中所举事例皆是对情况的假设性解读，旨在说明观点。这里表达的观点仅反映作者本人的观点，不一定反映其所在单位，即芝加哥商品交易所或其附属机构的观点。文中的信息不应被视为投资建议，亦不作为对实际市场情况的分析结论。

③ 马尔萨斯，1798年，《人口原理》（牛津世界经典系列，重印）。马尔萨斯在第七章中的名言："……人口的增长必然受到生存资料的限制，人口确实会随着生存资料的增加而必然增加，并且人口的优越力量受到道德约束、恶行和痛苦的抑制。"

在不考虑因果关系的前提下，一个经济体的增长可以视作劳动力增长与劳动生产率增长之和。劳动生产率背后有很多驱动因素，而劳动力增长主要受人口模式的影响。与劳动力增长停滞或几乎没有增长的国家相比，那些劳动力快速增长的国家将更有可能实现高速经济增长。下面我们分析一下美国的情况，然后本章将对日本、中国、俄罗斯、印度和巴西的人口结构对经济增长的影响做简要评论。

美国：婴儿潮一代和千禧一代

自20世纪60年代以来，不管税收结构如何，利率政策如何，两党由谁执政，股市如何，美国实际GDP的增长速度一直在放缓（见图5-1）。如果我们剔除经济衰退时期，只看经济扩张期的增长速度，这种不断减速的模式就更加明显了（见图5-2）。罪魁祸首在于人口结构变化。[①] "二战"后，士兵退役回家，战后至20世纪60年代初出生了大约7500万人，即所谓婴儿潮。随着这一代人的逐渐长大，其对美国经济和文化产生了很大的影响。

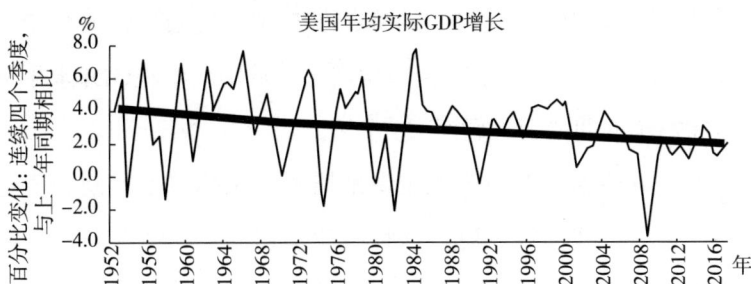

图5-1 美国1952年至2017年的实际GDP

（资料来源：圣路易斯联邦储备银行FRED数据库）

[①] 美国和全球大多数国家的人口数据可在美国人口普查国际数据库中找到：https://www.census.gov/datatools/demo/idb/informationGateway.php。

美国的经济增长期——年均GDP增长（剔除衰退期）

时期	增长率
1962—1970	5.0
1976—1979	4.7
1983—1988	4.5
1992—1999	3.9
2003—2007	2.8
2010—2017	2.2

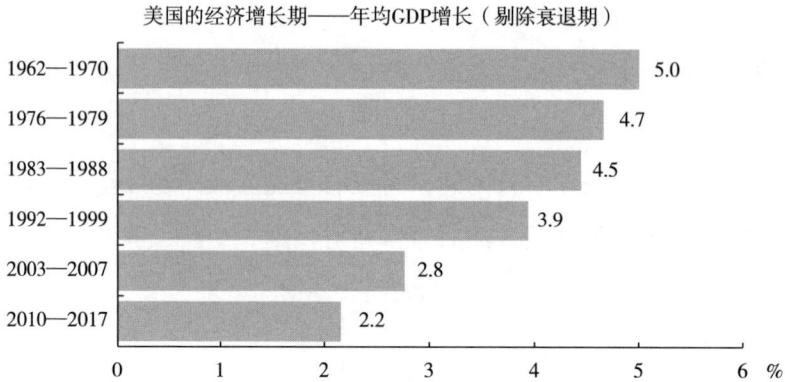

图5-2　美国的经济增长时期

（资料来源：圣路易斯联邦储备银行FRED数据库）

从2015年左右开始，婴儿潮一代大面积退休。退休人员的消费减少，不再会像结婚、育儿、养家那些时段一样大量消费。预计美国65岁及以上人口的比例将从1980年的11％增长到2025年的19％（见图5-3、图5-4）。然而，被称为"千禧一代"的新一代并没有填补上老一代留下的空缺，其原因在于，千禧一代的人数不如婴儿潮一代，同时，千禧一代参加工作时普遍背负着沉重的大学贷款，这使得千禧一代有可能结婚暂缓，生孩子延后，买房子推迟，也就是说或许需要再过十年才能弥补婴儿潮一代留下的消费需求缺口。的确，婴儿潮一代的消费缩减和千禧一代成家较晚对美国经济业已产生重大影响。[1]从美国潜在GDP水平来看，2015年至2025年期间的困难局面最为严重。

请注意，劳动生产率的确能更快地增长，来弥补婴儿潮一代退休留下的缺口。这里，我们只是说，这种人口结构的不利情况在21世纪20年代初仍然相当强劲。

---

[1] Karagiannidis, Iordanis, and Wilford, D. Sykes, April 2018, "Household deformation trumps demand management policy in the 21st century", *The Capco Institute Journal of Financial Transformation*, 47: 67-78.

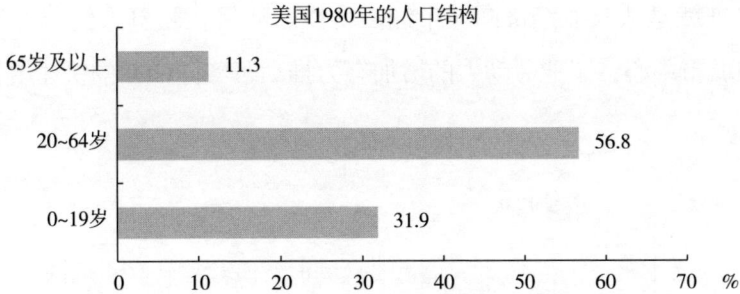

图5-3　1980年的美国

（资料来源：美国人口普查国际数据库）

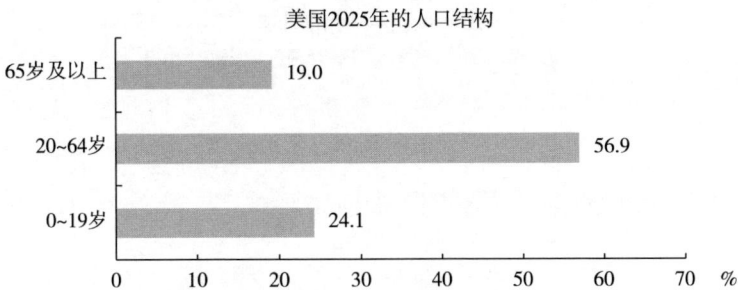

图5-4　2025年的美国

（资料来源：美国人口普查国际数据库）

全球长期增长模式的分析

从平均年龄来看，日本算得上是世界上最古老的国家之一。过去几十年来，日本的人口增长和劳动力增长接近于零，其经济增长模式也折射出人口结构状况。

许多分析家喜欢将1991—2000年和2001—2010年称为日本迷失的二十年，言下之意是，日本从未从1989—1990年的股市和房地产崩溃中恢复过来。然而，如果我们从人口结构特征来思考，所谓"迷失二十年"却有着完全不同的解释。20世纪50年代和60年代，日本人口结构的主要特征就是从农业经济向城市经济转型。战后，随着人们纷纷离开农村迁往城市中心，工业劳动力的增加有力推动了实际GDP的快速增长。

日本1990年的人口结构

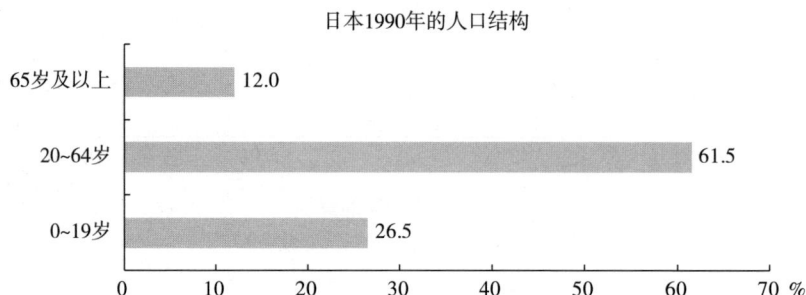

图5-5 1990年的日本

（资料来源：美国人口普查国际数据库）

日本2025年的人口结构

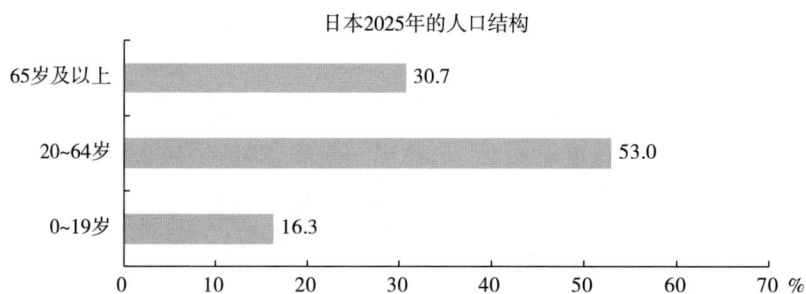

图5-6 2025年的日本

（资料来源：美国人口普查国际数据库）

日本：年均实际GDP增长

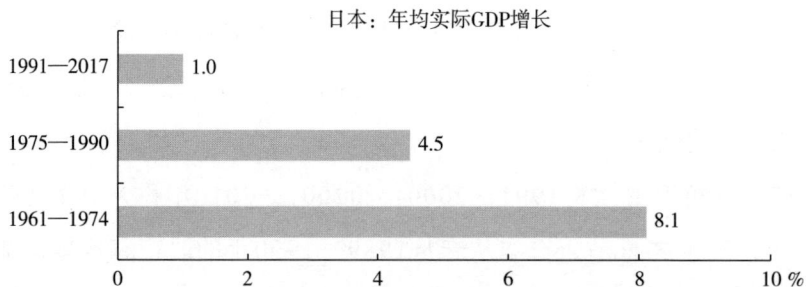

图5-7 日本自20世纪50年代以来的实际GDP增长

（资料来源：彭博专业版）

而到了20世纪80年代，农村人口向城市的移民过程渐入尾声，支撑GDP高速增长的动力便消散了。我们的观点是，鉴于人口老龄化以及城市化的完成给经济成长带来了巨大的不利影响，日本在1991年至2020年期间持续推动国家现代化、保持经济繁荣方面已经做到了极致。当人口老龄化趋势已定，且劳动力基本无增长时，将实际GDP保持在1%到2%的范围内委实不是易事。

1990年，日本65岁以上的人口占总人口比重为12%，到2025年，这个比率将达到30%。随着人口老龄化和劳动力增长停滞，经济增长急剧放缓。在1991年至2018年期间，日本经济出现了零通胀，甚至轻度通货紧缩，考虑到退休人群的消费需求缩减，这种局面完全符合预期。

在苏联解体的过程中，农村人口向城市的迁移过程也是一个重要的影响因素。和日本类似，在20世纪50—70年代，苏联人口不断从农村转移到城市。几十年里，大量涌入城市的新工人支撑了苏联的军工复合综合体的发展，不过，苏联的劳动生产率在世界各国中排名相对较低。之后，这种人口移动逐渐减慢了，十年后，苏联便分崩离析。苏联人口结构还有一些特点，例如医疗保健系统的破产和死亡率上升。[1] 苏联人口在1991年左右达到高峰，随后掉头而下，这进一步加剧了后苏联时代俄罗斯的经济增长困局。俄罗斯人口一直要到2012年左右才恢复增长。

中国是另一个经济增长得益于农村人口向城市大规模迁移的国家，这种城市化效应抵消了该国总人口增速偏低的不利影响。由于独生子女政策以及较低的生育率，中国似乎也开始了老龄化进程。65岁以上的人口占总人口比重预计将从1990年的5.5%增长到2025年的14.2%，在35年内翻了一番。人口迅速老龄化的趋势将在21世纪20年代与农村人口向城

---

[1] Guillaume Vandenbroucke，"Russia's Demographic Problems Started Before the Collapse of the Soviet Union"，*Economic Synopses*，No. 4，2016. https://doi.org/10.20955/es.2016.4.

迷失的经济学

市迁移的放缓趋势迎头相撞，届时，中国希望保持强劲的经济增长将面临前所未有的阻力。

中国1990年的人口结构

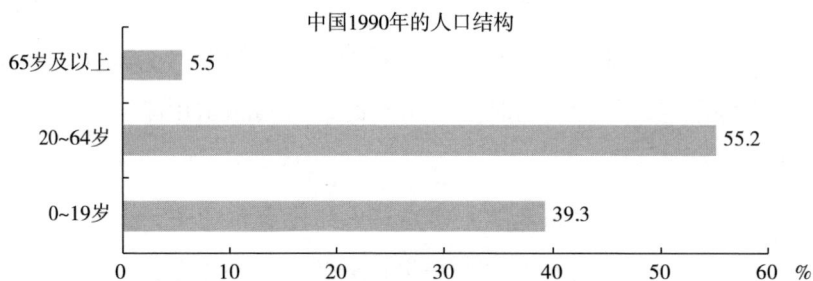

图5-8　1990年的中国
（资料来源：美国人口普查国际数据库）

中国2025年的人口结构

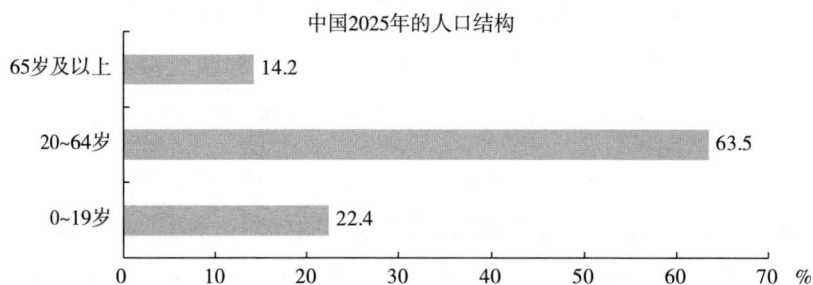

图5-9　2025年的中国
（资料来源：美国人口普查国际数据库）

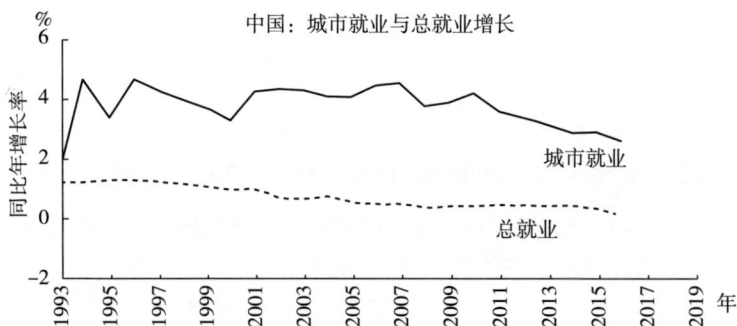

图5-10　中国的就业增长
（资料来源：彭博专业版）

中国：实际GDP

图5-11 中国的实际GDP

（资料来源：彭博专业版）

请注意，中国的独生子女政策始于1979年，的确有很大的历史作用，使得全国少生了4亿多人。2015年下半年，中国开始逐步取消独生子女政策，但预计在未来几十年内，政策取消的收效不会很大，因为培养一位25岁的新工人要花25年的时间。而且，目前还不清楚以后生育率是否会大大提高，因为大多数年轻人是在独生儿童家庭中长大的，他们在组成自己的家庭时可能更喜欢这种模式。

印度2025年的人口结构

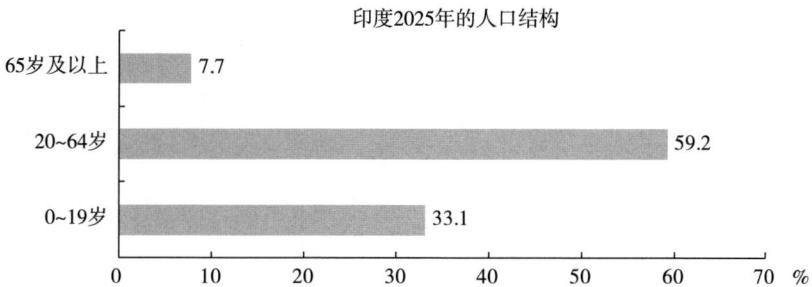

图5-12 2025年的印度

（资料来源：美国人口普查国际数据库）

巴西2025年的人口结构

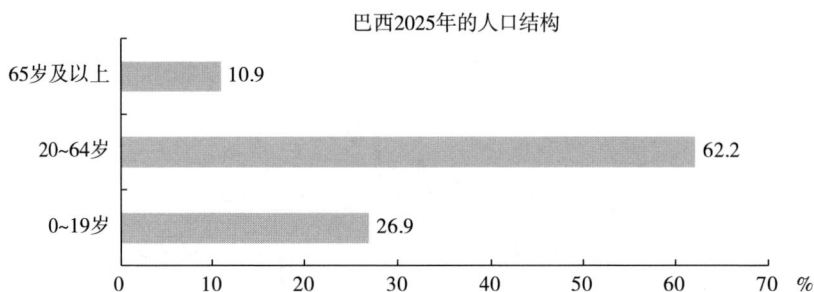

图5-13　2025年的巴西

（资料来源：美国人口普查国际数据库）

　　我们对21世纪20年代人口格局的另一个发现是，富裕、成熟和老龄化国家（如美国、欧洲、日本和中国）与年轻国家（如印度、巴西、印度尼西亚、尼日利亚和肯尼亚等）之间的结构性差异越来越大。在这些年轻国家中，30岁以下的人口通常占总人口的一半以上，20岁以下的人口则占总人口的30％左右。如果它们能够提供稳定的经济和政治环境，那么他们的黄金增长期就在眼前。当然，这个"如果"存在很大不确定性，但不管怎样，这些年轻的新兴经济体显然具有更大的增长潜力。

第6章
工资与生产率：结构性变化

Natalie Denby 和 Blu Putnam[①]

编者按：许多经济学模型以及劳动生产率和工资增长的理论都假设经济中的工作结构是稳定的。本章则认为，唯有洞悉劳动力市场的结构变化以及人口结构变化，我们才能真正了解美国2007年至2017年期间工资增长缓慢和劳动生产率提高有限的原因。

2008年大衰退至今已经十年，尽管劳动力市场偏于紧张，但美国的工资和劳动生产率增速仍然处于低位。2016年至2017年间，美国名义平均小时工资增长了2.6%，与大衰退后时期的平均水平大体一致。2007年至2016年，美国的劳动生产率平均年增长率仅为1.1%。相比之下，1995年至2007年的平均增长率为2.5%。尽管这也可能部分归因于周期性因素，但美国经济的一些重要的结构性特征导致了工资增长放缓。工资和生产率的增长为什么一直偏低，其背后是一系列阻碍因素，包括通货膨胀预期持续低迷、劳动力人口结构变化，以及经济体中的就业结构转向低工资部门。

例如，2017年7月25日至26日联邦公开市场委员会（FOMC）会议纪要强调了其对工资和劳动生产率数据的关切。FOMC指出，"劳动力市场存在一定紧张，但是……工资上行压力却不甚明显"。委员会的部分成

[①] 免责声明：文中所举事例皆是对情况的假设性解读，旨在说明观点。这里表达的观点仅反映作者本人的观点，不一定反映其所在单位，即芝加哥商品交易所或其附属机构的观点。文中的信息不应被视为投资建议，亦不作为对实际市场情况的分析结论。

员推测其原因可能是"雇主喜欢以较低的工资雇用经验不足的工人"。另一些人则认为，工资增速较低似乎与生产率增长和通货膨胀率近期均较为低迷的现实相吻合。随着经济持续稳定增长和就业不断增加，美联储似乎也很迷茫，为什么工资和劳动生产率增长远低于预期呢？

不独FOMC有此困惑，很多分析师和学者也纷纷提出了一系列新理论，试图解释这一怪现象。最受欢迎的几种解释是：劳动力市场实际上持续疲软，但这种疲软并未体现在总体失业数据中；名义工资向下的刚性；经济产出计量错误，特别是服务业和新技术产业的数据；劳动生产率和技术进步面临上升瓶颈；资本增长放慢；公共教育质量下降；等等。

尽管上述许多因素确实可能会压抑工资和劳动生产率的提高，但一个事实是，美国经济近来经历了几个关键的结构性变化：（1）通胀预期持续偏低；（2）随着婴儿潮一代退出就业大军，千禧一代的加入，劳动力人口结构发生了巨大变化；（3）就业结构正在发生变化，且更有利于低薪酬行业。我们认为，在2008—2009年大衰退之后的经济增长期，工资和劳动生产率低速增长的主要原因应当是结构性因素，此中的政策含义是，美联储无法通过货币政策来解决与人口结构以及各部门之间就业分配有关的结构性变化。

通胀预期偏低

鉴于通胀（以及劳动生产率增长）是工资增长的重要驱动因素，因此通胀预期对工资增长也能发挥重要影响。根据密歇根大学的统计，目前，美国的通货膨胀预期已经从1980年的10%以上的峰值急剧下降。

大衰退之后的经济复苏之初，通货膨胀预期确实上升了，2011年3月达到4.6%，当时市场普遍预期美国经济将快速复苏。这些预期事后证明是过于乐观了，实际GDP增长虽然保持稳定，但速度只有2％，基本上没有通胀压力。随着人们逐步修正景气预期，通货膨胀预期也步步下降，2017年的平均预期为2.6％。2011年后通胀预期的下降可能会抑制工资增长，因为工人和雇主对通货膨胀的预期越来越低，这显然会降低工资增速预期。

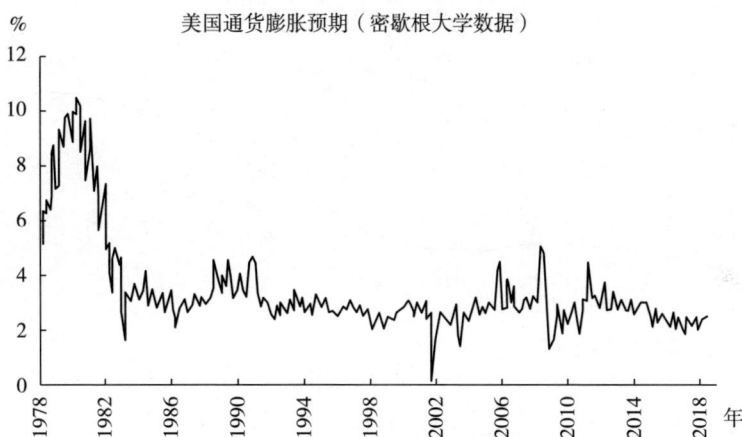

图6-1　美国通货膨胀预期

（资料来源：圣路易斯联邦储备银行FRED数据库）

人口结构变化

在通货膨胀预期下降的同时，美国的劳动力构成也发生了重大变化。美国有三个主要的工作年龄段：婴儿潮一代（根据皮尤研究中心的划分，出生于"二战"后至1965年的人群），X一代（1965年至1980年）和千禧一代（1981年至1997年）。此前计算，婴儿潮一代数量最大，有7 600万人，而X一代为5 500万人，千禧一代为6 500万人。但是，随着死亡人数超过移民人数，婴儿潮一代的总人数已经开始下降。皮尤研究中心最新发现，千禧一代人数已超过婴儿潮一代，成为目前工薪阶层人数

最多的一代，目前有7 540万千禧一代，7 490万婴儿潮一代和6 600万X
一代。

这种代际结构正在改变劳动力结构。一方面，在过去的几年中，数
量庞大且老龄化的婴儿潮一代开始大量退休。另一方面，千禧一代仍在
逐渐进入劳动力市场。

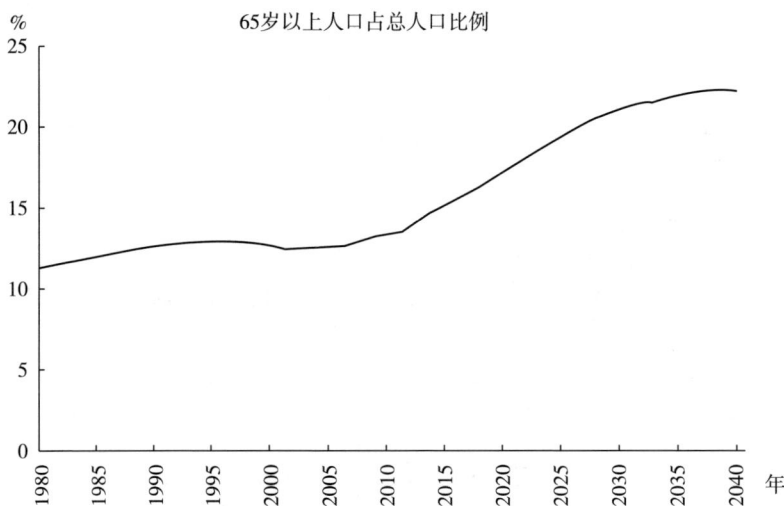

图6-2　美国65岁以上人口
（资料来源：美国人口普查局国际数据库）

这对于劳动生产率和工资增长的影响很大。婴儿潮一代更可能是高
薪、熟练的工人，他们的退休对工资和生产率增长具有关键影响。劳动
力大军的新进入者，即千禧一代，经验不足，工资较低，他们进入劳
动力市场的作用与婴儿潮一代的退休一样，都会压抑工资和生产率的
增长。

图6-2为美国65岁以上人口的比例，我们发现大衰退后这些年来退休
人数持续增加。2007年后，随着婴儿潮一代开始迈入退休年龄，65岁以
上人群比例显著扩大。退休年龄人口从2007年占总人口的12.6%增加到
2017年的15.6%，并将持续增加，直到21世纪30年代。

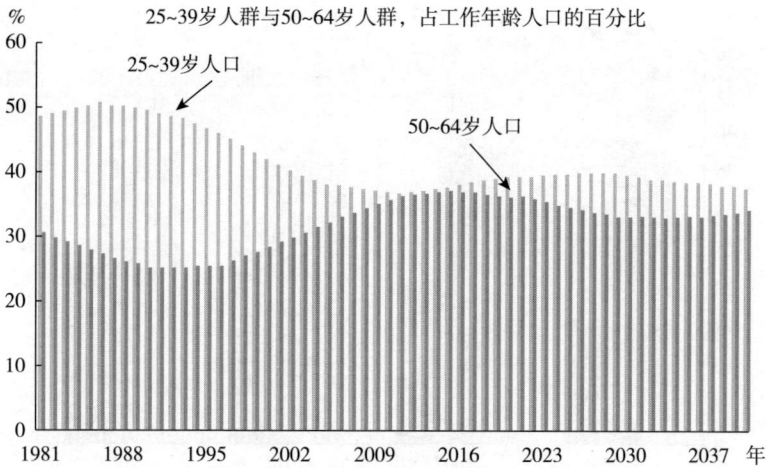

25~39岁人群与50~64岁人群，占工作年龄人口的百分比

图6-3 美国工作年龄人口

（资料来源：美国人口普查局国际数据库）

我们还可以分析一下工作年龄人群的代际构成（此处我们将工作年龄时段定义为25~64岁）。在1992年至2015年间，年龄最大的工作人群（50~64岁年龄段）占工作年龄人口的比例从25.19%上升到37.45%，然后随着这部分工人的退休而在2017年略微下降到37.2%。工作人群中最年轻的部分（25~39岁年龄段）从2011年37.16%的低点增加到39%。年轻的千禧一代已步入前台，而年龄较大的婴儿潮一代则逐渐淡出。

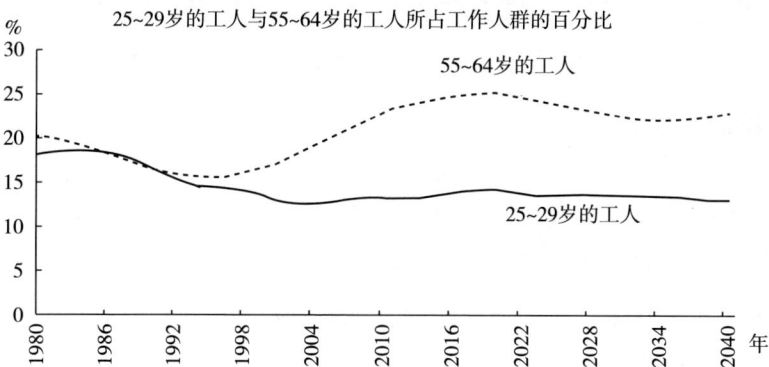

25~29岁的工人与55~64岁的工人所占工作人群的百分比

图6-4 美国年轻工人与年老工人

（资料来源：美国人口普查局国际数据库）

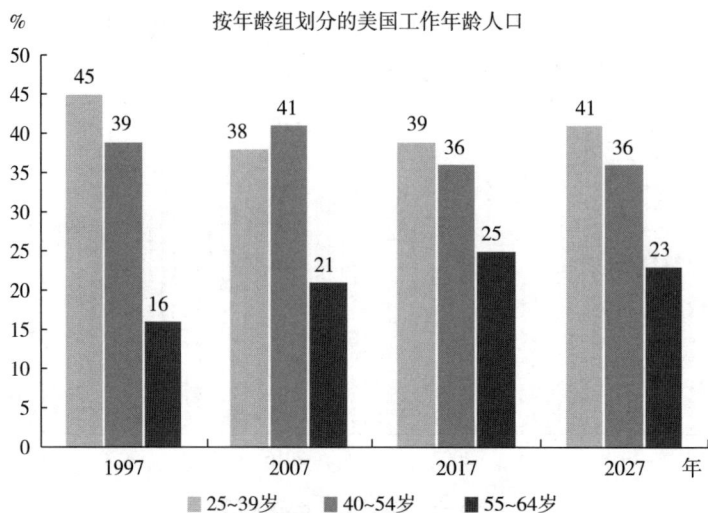

图6-5　美国工作年龄人口

（资料来源：美国人口普查局国际数据库）

25~29岁年龄段的最年轻工人的比例有所增长。这个年龄段的人群从2003年的12.33％增长到2017年的13.72％，扭转了20世纪80年代中期到21世纪初的下降趋势。55~64岁接近退休年龄的年老工人稳定在24.66％左右，并将很快下降。

这些人口变化的总体结果是年轻工人数量增加，以及越来越多的年老工人正在退出，这种代际变化会抑制工资和劳动生产率的增长。

行业转型

美国的就业分布也发生了重大变化。整个经济已经大体完成了向服务型经济的转型，2017年服务业岗位约占非农就业人数的70％，而1980年这个比例为55％，而制造业在非农就业人数中的比例从1980年的20％下降至2017年的8％。

1980年与2017年按部门划分的
美国就业人数占非农就业总人数的百分比

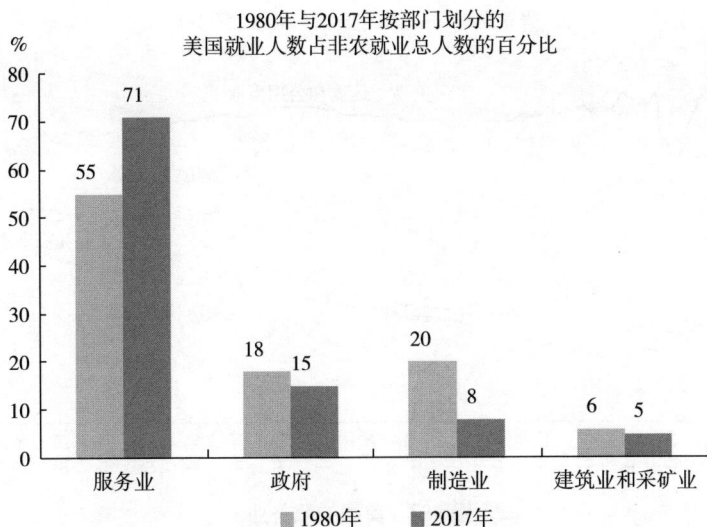

图6-6 美国各部门就业

（资料来源：圣路易斯联邦储备银行FRED数据库）

美国向服务型经济的转型使三个服务部门受益极大：教育和医疗服务、专业和商业服务，以及娱乐和酒店服务。这些部门在非农就业人数中所占的比重迅速提高，从1980年的24％和大衰退前的37％增长到2017年的41％。最大的服务部门——贸易、运输和公用事业——损失了一些就业比例，但就业量仍然有可观的增加。大衰退之后，政府部门就业急剧下滑，这大概是因为各州和地方政府在2010年至2013年期间的大量裁员。

在大衰退后的劳动力市场不断收紧过程中，上述转型趋势非常明显。2017年，美国增加了200万个就业机会。2009年6月经济衰退结束至2017年之间，非农就业总人数增加了1 660万。随着劳动力市场的持续增长，如果就业结构转型继续发生，那么，工资和生产率的增长可能会受到较大影响。

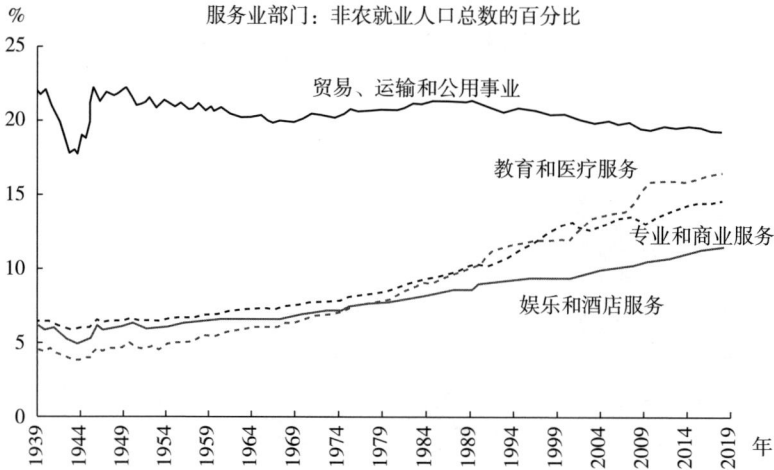

图6-7 美国的服务业

（资料来源：圣路易斯联邦储备银行FRED数据库）

　　大衰退后就业增长的主要部分是在低薪的私人服务业部门，其包括娱乐和酒店服务，贸易、运输和公用事业，以及教育和医疗服务。专业和商业服务是唯一一个出现可观扩张的高薪行业。低薪岗位的增长略高于高薪岗位，而高薪和低薪岗位的增长速度都超过了中等薪酬岗位，这些变化趋势也可能导致工资和生产率增长缓慢。

　　由于缺乏小时收入数据，因此我们的讨论不包括政府部门。但是，在大衰退之后，政府部门就业人数出现了大幅收缩（在复苏初期损失了85万个工作，后来也只是略微增长）。这个部门通常收入较高，福利丰厚，其就业人数的下降也部分导致了工资和生产率增长缓慢。

　　总体而言，在大衰退之后，薪资最低的三个私人部门（娱乐与酒店，贸易、运输与公用事业，以及其他服务业）贡献了38%的非农就业增长。这三个部门的工资均低于全国工资平均水平，其扩张显然不利于工资增长。如果加上教育和医疗服务（收入第四低的部门，其收入水平大致等于全国平均水平），四个收入最低的部门占了大衰退后就业增长的60%。

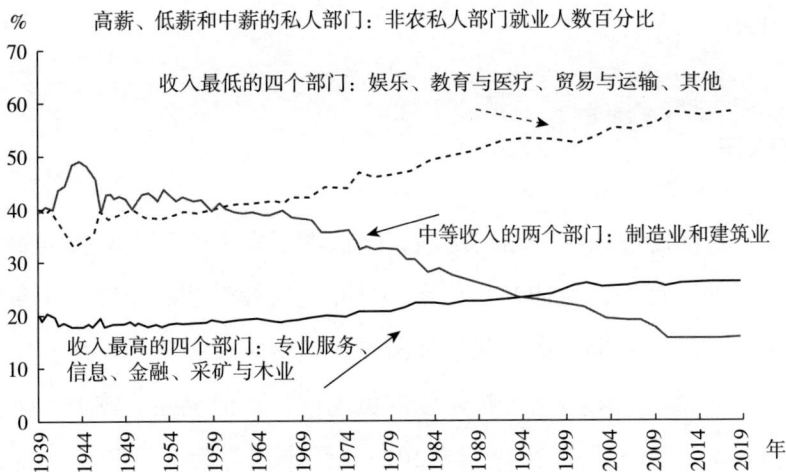

图6-8　按薪酬划分的美国

（资料来源：圣路易斯联邦储备银行FRED数据库）

收入最高的三个部门（金融，采矿和木业，以及信息服务）的就业增长仅占大衰退后就业增长的4%。如果加上薪酬第四高的行业（专业和商业服务），这一比例飙升至30%。这些行业的收入普遍高于平均水平，它们的扩张有利于工资增长。

中等收入的两个部门（制造业和建筑业，两者的薪水均高于平均水平）的新增就业数仅占大衰退后工作增长总数的10%。

大衰退后的就业扩张显现出了日益两极化的景象，工作主要流向低薪部门和高薪部门，低薪行业的扩张略高于高薪行业，这两部分的就业增长都远远超过了中等收入行业。

不同收入部门的就业趋势分化可以通过绘图体现出——图中画出了收入最高的四个部门、最低的四个部门和中等收入的两个部门的私人非农就业数据的比例。收入最低的四个部门的就业增长超过了收入最高的四个部门。两者之间的差距在2017年为32%，高于1980年的25%和大衰退开始时的29%。与此同时，中等收入行业的就业暴跌，在大衰退后稳定在15.5%左右。就业数量增长的这种模式可能对工资和生产率增长构成一定阻碍。

政策启示

鉴于目前的美国经济结构走向，较低的工资和生产率增长可能会持续一段时间。首先，从1990年代到2016年的持续低通胀预期可能会影响加薪决策。其次，婴儿潮一代的逐渐步入退休阶段和新的千禧一代工人的加入，使得美国的劳动力相比以前更加年轻，但也经验较少，薪资水平较低。婴儿潮一代在2015年至2025年逐渐退休后，这种趋势将会有所逆转。最后，就业增长偏重于服务业薪资范围的两端也会带来显著影响，因为很大一部分新增岗位出现在了低薪行业（如娱乐和酒店业）。

在政策方面，美联储可能对工资和生产率增长较低心存担忧，但货币政策几乎无能为力。财政政策则可以有所帮助。基础设施投资以及教育投资通过持续积累物力和人力资本，将有利于工资和生产率增长。但是，共和党政府却决定在2017年底通过永久性公司减税，这其实对工资或生产率的影响不大。（请参阅第3章关于减税对经济增长的作用的分析。）

第7章
比特币的经济分析

Erik Norland 和 Blu Putnam[①]

编者按：本章的一个版本已发布在《金融转型杂志》（2018年秋季刊）上。比特币引领了加密货币的蓬勃发展，对其的经济分析非常有难度。为了评估比特币的经济特性，人们必须审视它的一切要素，从需求和供给弹性，到不断上升的采矿难度，再到交易成本。

比特币经济学最引人注目的一点是，比特币的供给是确定的，而需求又是不确定的，这种确定性与不确定性并行存在。比特币的开采速度是高度可预测的，它与任何其他资产、货币或商品不同，比特币的最终供给量是已知数量，并且预先确定。永远不会有超过2 100万枚比特币。这个特性使得比特币的供给完全没有弹性。不管比特币价格上涨多少，矿工最终的挖掘量都不会超过规定的数量。价格上涨甚至都不一定会刺激更快速地开采比特币。即使矿工们真的加快了挖掘，也只不过是牺牲了将来的比特币产量换来的现在更多的比特币，因为比特币总供给量迟早会达到2 100万枚的硬性极限，如果基于现有的挖掘算法，这个极限将在2040年左右到达。

在本章里，我们首先在商品世界中找到类似的比照物，来了解供给缺乏弹性意味着什么。然后，我们开始更具有难度的需求分析，从而勾

[①] 免责声明：文中所举事例皆是对情况的假设性解读，旨在说明观点。这里表达的观点仅反映作者本人的观点，不一定反映其所在单位，即芝加哥商品交易所或其附属机构的观点。文中的信息不应被视为投资建议，亦不作为对实际市场情况的分析结论。

勒出比特币经济学的图景。

缺乏弹性的供给

供给的缺乏弹性在很大程度上能够解释为什么比特币币值波动如此之大。相比于富有弹性的物品，供给缺乏弹性的物品对需求变化的价格反应更大。需求方面也是如此：需求弹性越低，那么供给或需求的波动导致的价格变化就越大。图7-1是一个抽象示例，左边显示的是供给弹性较大时市场需求上升带来的相对温和的价格变化，作为对比，右边显示的是在一个供给受到约束的市场中相同的需求变化带来的更大的价格响应。

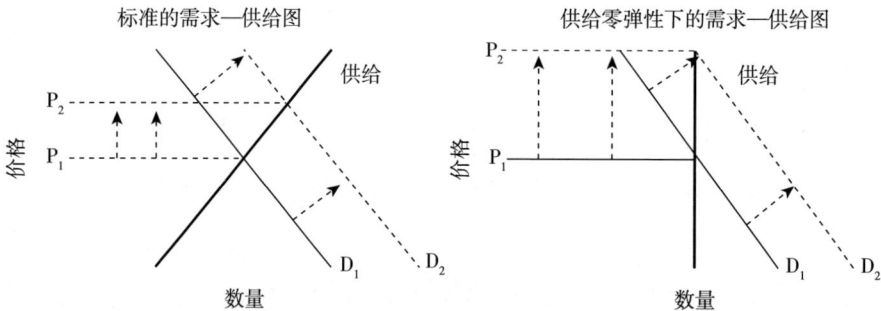

图7-1 供给弹性较大（左）的价格波动要小于供给无弹性的市场（右）
（资料来源：CME经济研究）

以天然气为例，天然气是供给和需求都缺乏弹性的典型物品。即使当前价格飞涨，消费者仍需要天然气来发电、加热、为工业处理提供燃料，他们愿意为此付出代价，至少在短期内如此。因此，天然气的需求弹性很低。

天然气的供给也是如此。假设价格翻番——这对天然气来说也并不是什么稀罕事——生产商短期内也难以提供更多的天然气。原油也存在类似的情况，但程度没有天然气这么极端。天然气和原油等大宗商品与比特币的区别在于，短期内它们的供给主要取决于存货变化而非生产调整，因此弹性较低，但是，长期来说，天然气和石油的供需是有一定的弹性的。如果天然气或原油价格持续上涨，则生产商可以找到生产更多油气的方法，至少在历史上他们实现了增产目的。同时，面对更高的价格，消费者也能想方设法来更有效地使用油气。比特币的情况则完全不同，当然，比特币的价格上涨可能会增加"分叉"的可能性——即将比特币拆分为原始货币和衍生货币，后者例如比特币现金（Bitcoin Cash，2017年8月1日）、比特币黄金（Bitcoin Gold，2017年10月24日）和私有比特币（Bitcoin Private，2018年2月28日）。

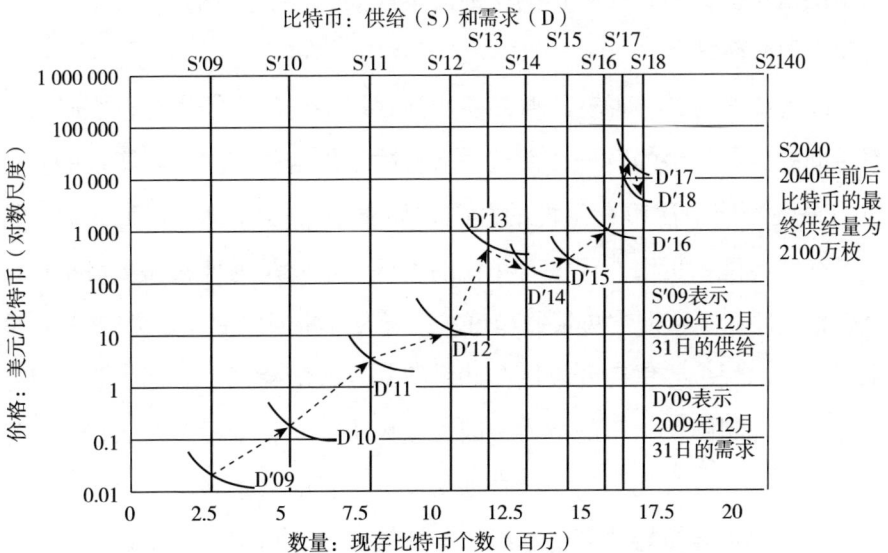

图7-2　比特币的供给低弹性和供给增长放缓

［资料来源：Bloomberg Professional（XBT），Blockchain.Info，CME经济研究］

比特币的有限且缺乏弹性的供给也推动了其价格的急速上升，其涨幅之大，只有在对数刻度上才能显示完全。在比特币现身的前四年中，每年的供给量增加约250万枚硬币。即使供应量维持稳定，但随着用户社区的增长，价格在不断攀升。此后，供给量虽持续增长，但步伐大幅放缓，而需求则偶尔下降，总体维持上升，以年度数据观之也是保持该模式。

比特币的有限供给和飞涨的价格使其难以用作加密货币世界之外的交易媒介。想象一下，张三使用比特币购买了诸如一杯咖啡之类的传统实体物品，却发现花在这杯咖啡的比特币几年后就值几百万美元，这该有多么懊丧。因此，投资者将比特币视为一种高度不可靠的价值存储方式，其高涨之时堪比黄金。

人们经常问的一个问题是：比特币会取代美元等法定货币吗？我们认为不能。比特币的价格太不稳定了，无法作为价值存储方式威胁现有法币的地位。此外，比特币的交易成本太高，币值变化太大，也不能成为理想的交换媒介。

最重要的是，一种资产要能够成为普遍接受的交换媒介，它必须随着时间的推移而缓慢贬值，而这是所有固定供给的资产无法实现的。价值的损失恰恰是法币有用性的基础，如果不必担心通货膨胀，货币持有者往往会囤积货币，而没有花钱的动机，这就是为什么大多数中央银行，如美联储、欧洲中央银行和日本央行，都将通胀率设定为2%的适度水平（米尔顿·弗里德曼教授在20世纪60年代的建议）。通货膨胀目标显然旨在抑制囤积货币的行为，因为囤积货币不利于经济增长，并会造成金融动荡。过去几十年中一直饱受通缩危害的日元就是一个很好的例子。日元通货紧缩导致了日本经济的持续低迷，这也使得日元不再是一个优秀的价值存储手段。日本央行为扭转这一局面可谓殚心竭虑，其实施了巨量的量化宽松计划，基于日本的经济规模，日本央行的量化宽松措施规模相当于美联储或欧洲中央银行计划的四倍。

从大宗商品角度深入研究比特币的供给问题

比特币是通过计算机解决数学密码问题而"挖出来"的。矿工获得比特币，以作为解决数学问题的回报。这些数学问题随着时间的推移而变得越来越困难，而解决这些问题所需的算力也会越来越大。这进而要求增添计算设备，提高了生产比特币的电力成本——矿工需要更多计算机，并以最高负载运行，且必须时刻给设备降温。

因此，对比特币的经济分析有点像对能源和金属的分析。例如，截至2017年底，美国原油生产商能够实现利润的价格水平为每桶40美元上下。高于该价格，生产商便有增加产量的动机。低于该价格，生产方的应对措施就是减产。和比特币一样，随着时间的流逝，从地球获取能源的难度也大大增加了。

人类几十年前开采的石油大多位于地下浅层，而现在，新增石油供给主要来自地下深层的水力压裂、海上钻探或偏远地区的油田。在19世纪下半叶石油开始大量开采时，投资于石油开采的1单位能源能产生约150单位能源。到20世纪70年代，新投入1单位能源只能获得30单位能源，而到2000年，这一比率又下降到15左右，到2020年，可能会降至10以下，这也是推动油价上涨的重要因素。能源行业普遍假设石油的边际生产商的生产成本接近每桶40美元。值得注意的是，2005年之前油价很少触及40美元，而在2005年后，油价升至该水平后，又很少跌破这个价位。

对于铜、金和银等金属，要注意两个数字：现金成本和综合维持成本。现金成本可以理解为生产者能够维持当前生产的价格水平。综合维持成本可以理解为，能够激励更多生产投资的现货和期货价格水平。例如，对于黄金而言，金矿运营商的现金成本平均约为700美元/盎司，而综合维持成本约为1 250美元/盎司（见图7-3）。

全球平均黄金开采成本

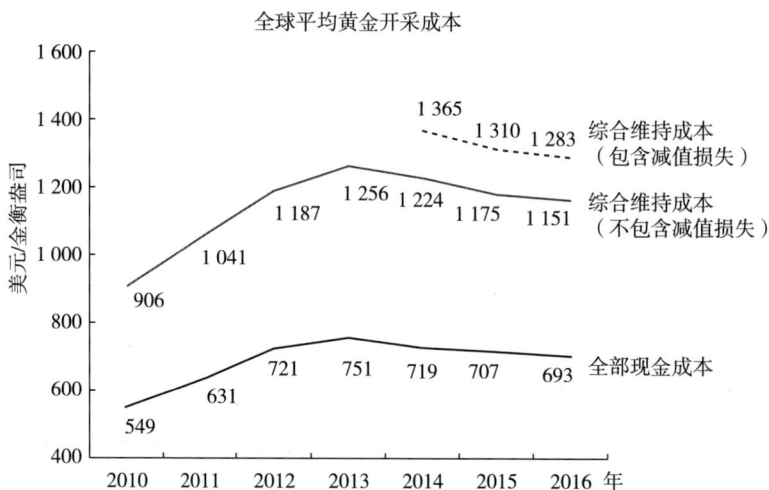

图7-3　黄金开采成本

［资料来源：《GFMS黄金调查2016—2017》《金属业焦点关注：聚焦黄金2015》
《金属业焦点关注：金矿成本》］

对于金、银和铜来说，一个有趣的情况是，随着金属价格从2011年开始下跌，其挤压了运营商的利润，而运营商则开始优化生产，并削减生产成本。2014—2016年度能源价格暴跌也造成了类似的效应，降低了生产的边际成本，从每桶50美元降至40美元。和金属开采和化石燃料提取一样，比特币的挖矿也是一项竞争性业务。因此，比特币价格与采矿供给难度之间也存在类似的反馈作用——在此语境下，"难度"是由采矿过程中完成加密算法所需的计算次数来衡量的。

如图7-4所示，显然，随着所需计算数量（"难度"）增加，生产比特币这件事变得愈加昂贵。可以想见，随着开采比特币的难度呈指数级增长，价格亦将呈指数级增长。然而，这种反馈关系还有另一面。请注意，在2010—2011年的第一个比特币熊市（下跌93％）之后，"难度"也发生了变化。原先狂飙之势的难度上涨趋势戛然而止，大致停滞了两年。直到2013年下一个价格牛市开始时，"难度"才再次增加。2013—2015年比特币熊市（下降了84％）后也发生了类似的现象，开采"难度"一直水平踱步，直至下一次牛市到来。奇怪的是，尽管2018年初比特币价格相比2017年12月的高点下跌了50％以上，但"难度"在2018年并未走平，这可能是因为存在一些滞后效应，不管如何，这可以留待进一步研究。

比特币：采矿难度和价格

图7-4   比特币的开采难度和价格

（资料来源：https://blockchain.info/charts/market-price?timespan=all；
https://blockchain.info/charts/difficulry?timespan=all）

我们的结论是，比特币的供给模式与能源和金属等至少有一种相似之处，即当价格下跌时，生产者必须采取措施促使生产成本停止增长甚至下降。尽管比特币的挖掘"难度"似乎从未出现下降，但随着时间的推移，算力成本每年都在下降，下降幅度最大可达25％。这么算来，如果"难度"在一年内保持不变，那么实际的生产成本便会出现下降，因为执行相同数量的计算所需的电力减少了。正如金属和能源生产商在熊市之后找到降低成本的方法一样，比特币的矿工们似乎也遵循着这样的逻辑。

我们关于比特币供给的最后一个观点是：长期以来，有传言说比特币的创始社区控制着大约300万~500万个比特币。如果此言属实，那么从理论上讲，比特币价格的上升很可能会刺激社区成员卖出手中的比特币以换取法定货币或其他资产。如果我们考虑到这一点，则比特币的短期供给可能不会完全缺乏弹性。贵金属中也存在类似现象。当价格上涨时，黄金和白银的回收量便会增加（二级供给）。然而，有趣的是，这种回收似乎是对价格的一种反应，而不是价格的驱动力。对于黄金和白银来说，似乎唯一会拉动价格的供给因素是开采供给。同样，如果现有的比特币持有人减持其部分或全部比特币，的确会增加比特币短期供给，但这一行为不会影响其长期总供给量。从这个意义上讲，这更像是暂时的存货调整。

需求驱动因素不甚明朗

比特币之供给极为透明，但比特币的需求却相当不透明。不过，我们仍然可以从一些量化指标窥视其需求情况。首先，我们能够非常详细地了解每天执行的比特币交易数量。其次，更重要的是，比特币交易成本的波动似乎在比特币价格起伏中起着非常重要的作用。

交易数量的增减与价格起落之间似乎存在松散的关联。举个例子，比特币交易数量在2012年停止增长，一年后，比特币在2013达到价格高峰，熊市也接踵而至。交易数量在2014年再次开始增长，随后比特币价格迅速恢复，但自2016年底以来交易量又开始停止增长（见图7-5和图7-6），似乎预示着2018年初的价格调整。这次价格调整的一个特点是，交易数量并未随价格下跌而增加，类似于2013年12月至2015年1月的熊市。在过去这两次牛市期间，交易数量在比特币价格实际回升之前就开始大量增加。而在这两个牛市的末期，价格虽然飙升，但交易量已经开始停止增长。

比特币：每日交易量和价格

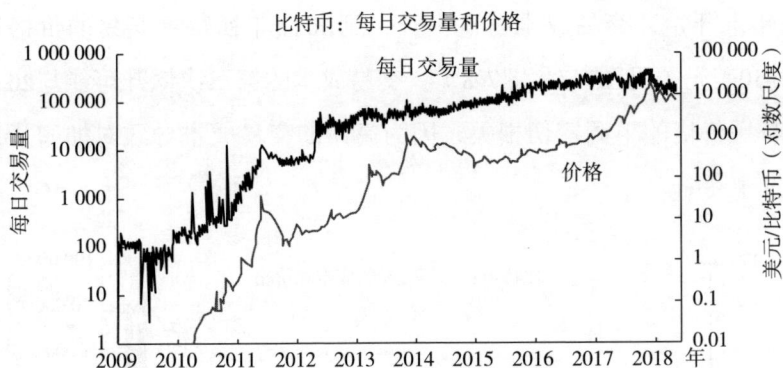

图7-5　比特币交易量是否驱动价格？

（资料来源：https://blockchain.info/charts/market-price?timespan=all; https://blockchain.info/
charts/n-transactions?timespan=all）

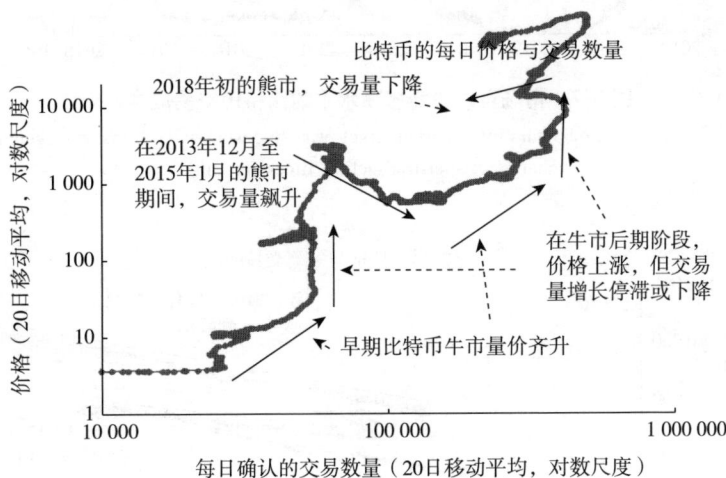

图7-6　价格与交易之间的关系

［资料来源：blockchain.info/charts（价格，每日交易数）；芝商所经济研究］

　　比特币价格和交易成本之间的关系更加明显。2010年末，比特币交易成本从每笔2美元飙升至30美元左右，随后，比特币价格便暴跌93％。随着比特币交易成本的下降，牛市便不期而至。交易成本在2012年小幅上涨，然后在2013年初飙升至80多美元，恰逢比特币价格再次暴跌。到2015年，比特币交易成本下降到8美元/笔，则另一场牛市又开始了。

2016年末开始，交易成本再次上升，到2018年初每笔交易的价格达到100~150美元（见图7-7和图7-8）。交易成本的第三次飙升可能与2018年初比特币价格的下调密切相关，因为高昂的交易成本导致对加密货币的需求发生萎缩。

图7-7　市场可以维持多高水平的比特币交易成本？

（资料来源：https://blockchain.info/charts/market-price?timespan=all；https://blockchain.info/charts/cost-per-transaction?timespan=all）

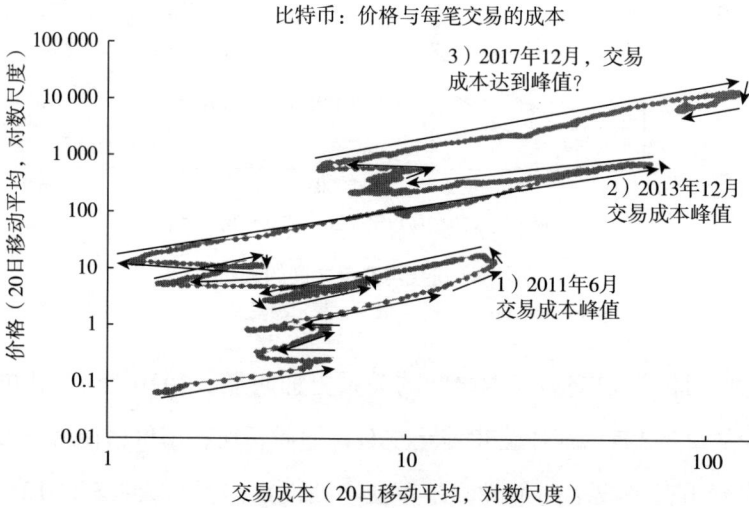

图7-8　价格与交易成本的关系

［资料来源：blockchain.info/charts（价格，每笔交易成本）；芝商所经济研究］

我们并不是暗示比特币价格是交易成本的函数，抑或交易成本是比特币价格的函数，但两者之间显然存在相互的反馈关联性。当比特币价格上涨时，最终交易成本似乎也会上升。当交易成本达到市场参与者无法承受的水平时，比特币的价格通常会发生调整。价格下跌对交易成本施加下行压力，使其修正至较低水平，随后另一场比特币牛市便开始浮现，至少过去这些年来，这个模式是成立的。

若交易数量增长停滞以及交易成本上升确实在引发比特币价格调整中起到了作用，那么我们也许可以假定，价格调整过程可能会持续到交易成本下降且交易数量再次增加的时点。 2018年初交易成本的激增，以及同期交易数量的急剧下降（幅度超过50％），导致了比特币价格的连续几轮下跌。

激励措施、比特币分叉和替代加密货币

一提到激励或奖励结构时，我们或许就会想到股东价值方面的一些做法。对于比特币来说，理解这个问题有点难度。比特币当然不符合公司的定义，它没有董事会，没有资产负债表，没有损益表，也没有现金流量表。但是，比特币确实内涵了一些特点，其需要在激励结构的框架下加以理解。而且，这些特点也进一步加大了比特币供给分析的难度。

矿工和交易验证者获得比特币奖励。我们可以将公司的股票视为一种内部货币，用于补偿和激励员工，使他们的利益与组织的利益保持一致。从这方面说，现有的比特币也可以理解为一种公司的"通货"——向公众发行的股票数量。

当比特币"分叉"到一种新的货币（如比特币现金）中时，其可以视作一种公司行为，如分拆。在分拆操作中，公司可以将拟分拆部门的股份分配给其每个原有的股东，该分拆部门将作为独立的实体上市。同

样，在比特币的这次分叉过程中，每个比特币的所有者都收到了一个单位的比特币现金，这是一种新的独立的加密货币。

从某种意义上讲，比特币可以视为加密货币世界里的一个参考指数。许多替代加密货币（山寨币）不仅复制比特币的技术，而且，比起使用法币来，人们更容易通过比特币兑换这些新的加密货币。比特币在这个生态系统中的核心作用使它的价格有点像整个生态系统本身健康情况的观察指标。无怪乎，从法币价值角度来看，以太坊和瑞波币等其他加密货币的价格与比特币高度相关。

由于比特币分叉的存在，我们对比特币供给的直观理解应该有所调整。简单来说，虽然比特币的供给是固定的，但加密货币的供给却不是。它也提醒我们，不应孤立地看待比特币，而应将其视为整个加密货币空间的锚指标。

从经济角度看比特币的命运

纵然比特币不能取代法定货币，但它的长期经济影响仍不容小觑。加密货币发展的一个可能结果是，中央银行有一天可能会发行自己的分布式账本货币——例如委内瑞拉正在尝试推出加密货币"petro"。美联储前主席格林斯潘曾打比方说，制定货币政策就好比通过破裂的后视镜驾驶汽车。即使是现在，重要的决策也不得不依赖于不准确的、可能滞后几周或几个月的估计数据。在2018年，经济政策制定方面仍然不过是对20世纪的萧规曹随。

区块链技术的潜力在于，决策者能够发行自己的加密货币，从而获取有关通货膨胀、名义和实际GDP的实时信息。决策者或许仍然不能目透前挡风玻璃看到未来，但至少他们的后视镜是清楚明白的，其货币政策小车的侧窗也是无所遮挡的。这样一来，他们便可以比如今更方便地精确管理货币和信贷，从而更好地保持经济平稳增长。取消金本位制极大地减少经济波动并提高了人均收入的增长。而如果我们转向使用基于区块链的法定货币，则可以进一步减少经济波动，并且，具有讽刺意味的是，可以进一步使得全球经济债务化，因为人们届时将能更有效地利用资本。从更广泛的意义上讲，在加密技术方面的投资可以带给我们一些难以想象的新技术。

　　购买比特币的投资者大概是希望高价转手获利。不过，比特币并不是简单的击鼓传花博傻游戏，其还有更多的经济含义。随着越来越多的人参与报价，解决比特币密码数学问题的难度不断增加，这进而会推动对传统集成电路和非传统集成电路技术的投资。解决密码问题可能是量子计算机肩负的首批任务。当然，比特币及其他加密货币的投资者的初衷是牟利，而不是为分布式账本或更高算力计算机的发展提供资金。因此，切记，不要将区块链的未来与比特币的行情这样的问题联系起来。

小结

- 比特币供给缺乏弹性。与一些大宗商品一样，供给缺乏弹性会造成波动性增加。
- 解决比特币数学问题的"难度"与比特币价格两者间存在反馈关联，其中"难度"是价格的主要驱动力，而价格也影响"难度"。
- 交易量可能会影响价格趋势，而交易成本上升是比特币的风险指标。

第8章
市场监管：起源与文化视角

Susan M. Phillips[①] 和 Blu Putnam[②]

编者按：本章的早期版本最初发表于《Capco Institute Journal of Financial Transformation》，2016年5月，第43卷。我们知道，美国衍生品的几大监管机构的目标和文化传承存在较大差异。本章提出的独特观点是，要了解美国的监管生态，就必须了解每个监管机构的工作优先事项为何，其影响为何，以及至关重要的是，要区分其最初的关注重点是维护市场完整性，保护投资者，还是管理系统性风险。简言之，监管者的DNA来自其创立之时的相关危机事件。

美国金融衍生品市场的监管目标包括：保护个人投资者免受欺诈和犯罪活动的侵害，确保市场诚信，以及防控金融部门系统性风险。这三个关键任务并不是由一个单独的监管机构所承担，而是分散在几个机构，它们有着不同的出身，其工作重点亦不相同，且各自的历史背景塑造了它们与生俱来的独特性。鉴此，为了理解美国衍生品市场的不同监管机构的工作理念，我们必须了解每个机构的肇始原由，以及相关历史事件对其工作作风及优先任务的影响。

本文首先简要概述美国金融衍生品市场三大监管机构——美国商品

---

① 苏珊·M. 菲利普斯（Susan M. Phillips）为乔治-华盛顿商学院名誉院长，她具有丰富的监管工作经验，历任美国证监会经济研究员（1976年至1978年）、CFTC专员和主席（1981年至1987年）以及联邦储备委员会理事（1991年至1998年）。

② 免责声明：文中所举事例皆是对情况的假设性解读，旨在说明观点。这里表达的观点仅反映作者本人的观点，不一定反映其所在单位，即芝商所或其附属机构的观点。文中的信息不应被视为投资建议，亦不作为对实际市场情况的分析结论。

期货交易委员会（CFTC）、美国证监会（SEC）和美联储（Fed）——
的起源、使命和政策重点。我们还将分析2010年《多德—弗兰克华尔街
改革和消费者保护法案》（以下简称《多德—弗兰克法案》）施行后上
述监管机构权责的增加。

本文以历史背景为出发点，将分析这些机构的创建经历和不同使命
对当代美国监管生态的影响，以及在面临相同的市场挑战时，它们为何
会采取截然不同的监管方法。[①]之后，我们还将探讨一些具体问题，包括
市场透明度、行业自律组织、大而不倒、资本充足性，以及宏观审慎监
管对货币政策有效性的意外影响。

历史背景：CFTC

设立。 CFTC虽然直到1974年才设立，但其设立的法律基础却可追溯
到1914/1916年的《棉花期货法》[②]。《棉花期货法》重点关注那些持有
到期的期货合约的实物交割的条款和标准问题。鉴于期货交割过程一直
存在着欺诈和操纵的可能性，期货和期权长期以来一直受到重点监管，
最初由交易所进行监管，之后逐渐由政府接管监管工作。此外，联邦政
府的优先监管规定将期货和期权的监管与博彩业监管进行了区分，使得
各州政府不能以当地博彩法律来规范期货和期权交易所。自1974年成立
以来，CFTC被赋予广泛的权力来管理各种商品"……以及所有服务、权
益和利益……所有其他货物和物品（除洋葱和电影票房收据外）"。[③]

使命。 我们援引CFTC官网的表述，"CFTC的使命是保护市场参与

---

① 注意，本文不会对各个机构的职责做全面分析，而是聚焦在市场监管领域。
② 《棉花期货法》最初于1914年通过，但最高法院裁定其构成征税立法，因此按照宪法须由美
　国众议院发起，该法旋即撤销。1916年，该法重新由众议院发起，再提交至参议院，遵循正
　确程序，因此随后获通过。
③ 见 7 U.S.C. §13-1；CEA §9-1。

者和公众免受与衍生品（包括期货和期权）相关的欺诈、操纵、滥用行为以及系统性风险的影响，并致力于培育一个透明的、竞争的和财务稳健的市场"。[①]

市场诚信。CFTC出台的行动、规则和监管条例明显侧重于监测市场运作方式，确保市场诚信。所有交易都必须在交易所（即指定的合约市场）进行，不过，2001年以来也规定了一些例外情况。市场专业人员必须登记注册。交易都需要满足保证金要求。[②]同时，CFTC还设定了资本金要求，以确保交易所合约得到履行。CFTC出台了多种反市场操纵的措施，包括投机限制、交割监督和每日结算。大型交易商需要向交易所和CFTC提供报告，以协助进行市场监管，但一般不会公开披露，除非以总量数据的形式。中央清算所对于期货和期权交易所的运作具有重要作用，CFTC部分依赖清算所开展监督工作。此外，CFTC也与行业自律组织（如国家期货协会）以及交易所本身开展监管协作。

《多德—弗兰克法案》。《多德—弗兰克法案》（Dodd-Frank Act）赋予了CFTC新的权力以监管掉期合约交易的场外市场及交易商。一个重要的新规是，标准化衍生品合约（包括掉期合约）的清算和交易执行强制转移到交易所或掉期执行设施，且必须在清算所集中结算。与CFTC注重市场诚信的传统目标相一致，《多德—弗兰克法案》向CFTC赋予的新职权旨在加强衍生品市场基础设施，提高市场诚信度。

[①] 见CFTC，www.cftc.gov/About/MissionResponsibilities/index.htm。译者注：CFTC最新（2021年2月）的表述是，"致力于通过监管行为促进美国衍生品市场的诚信、风险抵御能力和活力"。

[②] 保证金规则是由CFTC确立的，并在CFTC监督下委托交易所执行。根据相关法律，美联储也被赋予与保证金有关的监管权力，但是，联储将其职权委托给CFTC和SEC。

历史背景：SEC

设立。 SEC是基于1934年的《证券交易法》（该法的出台背景是引发大萧条的1929年股市崩盘）而创建的，负责推进1933年《证券法》的执法工作。SEC的工作重心是提供强有力的投资者保护。在随后的数十年中，SEC还负责执行美国国会通过的其他一些投资者保护法律，包括1939年的《信托契约法》、1940年的《投资公司法》、1940年的《投资顾问法》以及2002年的《萨班斯法案》。

使命。 "SEC的使命是保护投资者，维护公平、有序和高效的市场，并促进资本形成。"[1] 投资者保护是SEC市场监管方法的核心，其尤为关注透明度和信息披露的问题。内部人交易规则对于公平交易起到重要作用，在这个规则下，内部人不得通过信息优势而获得高出一般公众的收益。与CFTC一样，SEC对证券市场专业人士（经纪人和交易商）也有注册要求。

CFTC对交易所衍生品市场的监管侧重于风险管理，对市场交易方向持中立态度，但SEC对股票的卖空有明确的限制。这主要是由于SEC的使命之一是鼓励资本形成，SEC持有的一个观点是，在某些情况下卖空行为可能会对资本形成过程造成损害。

与CFTC一样，SEC也会借助行业自律组织来执行一些监管要求，例如金融机构监管局（FINRA）以及一些证券交易所。

《多德—弗兰克法案》。 《多德—弗兰克法案》也增加了SEC的监管权力，涉及交易记录和实时报告机制（包括审计追踪）。鉴于2010年5月的"闪电崩盘"事件，以及2008年金融恐慌造成的华尔街纾困行动以及随后的全球经济"大衰退"，该法案还向SEC授予了反制破坏性交易行为

---

[1] 见SEC，https://www.sec.gov/about.shtml。

的职权，并增强了SEC对证交所的监督。与SEC在投资者保护方面的监管重心保持一致，该法案进一步提出了对单个公司的治理、资本金和报告的管理要求。由于信用评级机构在2008年金融危机爆发前的不良做法遭到了严厉批评，SEC在这一领域也获得了更多权力，从而能更好地保护投资者。

历史背景：美联储

设立。在19世纪末和20世纪初发生了一系列银行业恐慌事件之后，1913年的《联邦储备法》催生了美联储的建立，旨在促进银行体系的稳健。

使命。1913年的《联邦储备法》初衷是加强银行和金融系统的稳健性（即系统性风险），并建立最后贷款人机制。然而，研究发现，20世纪大萧条期间，美联储未能利用其最后贷款人的权力来缓和1929年股市崩盘所造成的损害，从而未能避免通货紧缩和经济萧条的下行趋势。[1] 因此后来联储便被赋予了鼓励充分就业和维持价格稳定的双重目标。

先稳定银行体系，再管好经济。美联储是美国的中央银行。[2] 美国国会于1913年设立美联储，旨在建设一个更安全、更灵活、更稳定的货币和金融体系。多年来，美联储在银行业和经济发展中的作用不断增强。[3] 时至今日，美联储的职责可以归纳为如下几个方面：（1）执行国家的

---

① 参见伯南克，1983年，"大萧条蔓延期间金融危机的非货币影响"，NBER工作论文1054号。另见伯南克，2000年，《关于大萧条》，新泽西：普林斯顿大学出版社。

② 1836美国银行（译注：美国建国初设立了美国银行，行使近似中央银行的功能）的特许权到期后，美国一直没有中央银行。这是因为，1832年，国会通过了一项法案，拟延长美国银行的特许权（即将过期），时任总统安德鲁·杰克逊（Andrew Jackson）总统否决了该法案。（译注：美国银行被取消中央银行地位，逐渐与政府脱离了关系，后改名为宾夕法尼亚美国银行。）

③ 美联储，www.FederalReserve.gov/AboutTheFed/Mission.htm。

货币政策，通过影响经济中的货币和信贷条件，促进实现充分就业，维护价格稳定，维持适度的长期利率水平；（2）监督和监管银行机构，确保国家银行和金融体系的安全和稳健运行，遏制金融市场可能出现的系统性风险；（3）向存款机构、美国政府和外国官方机构提供金融服务，并维持国家支付系统良好运作。在2008年金融危机之前，美联储的主要政策工具包括存款准备金、贴现窗口（涉及弹性货币供给、最后贷款人职能）和公开市场操作（国债市场操作）。2008年金融危机和大衰退之后，美联储扩充了其工具包，扩大了其资产负债表，并开始参与更广泛的证券和衍生品交易（例如，增加了对美国国债、抵押资产支持证券的直接购买，设立并支持一些特殊目的的实体以持有多种信贷和衍生品头寸）。

《多德—弗兰克法案》。《多德—弗兰克法案》赋予美联储在金融领域更大的监管权力，包括规范金融机构薪酬安排的职权。美联储还负责对必须进行处置的系统重要性的金融机构（SIFl）执行破产清偿安排。如今，人们越来越认识到，金融企业的定义不断外延，已远远超出了银行的范畴，其治理、风险管理、资本金和流动性备受关注。因此，美联储肩负起了应对"影子银行系统"的监管和系统性风险管理的重任。美联储还成为全球金融监管协调的核心监管机构，负责与外国政府和监管机构开展协商，推进国家之间交易所或清算所等同类机构的相互认可。

不同监管取向的难题

这三大监管主体有何不同？它们在推进监管改革中各自发挥怎样的作用？受监管的金融机构所面临的合规工作将会受到怎样的影响？

我们的观点是，上述每个主要衍生品监管机构的创建，都折射出各自不同的历史背景和不同的监管初衷，它们的市场监管风格和工作方式也因之不同。具体而言，CFTC重点关注市场的诚信建设，与之形成鲜明对比的是，SEC尤为重视对投资者的保护，而美联储在控制系统性风险方面则更为投入。

透明度。以透明度为例，SEC将透明性原则视为基准，以保护投资者，促进交易环境的公平。共同基金和资产管理人必须每季度向其报告一次头寸，再由SEC向公众披露。相比之下，CFTC倾向于保留交易头寸的机密性。CFTC的"交易承诺报告"（Commitments of Traders Report）提供了特定类型交易者的总体数据，但公众无法回推出任何一个交易者的具体头寸。与SEC要求公开上市公司的自有头寸相反，在CFTC的监管框架下，包括价格对冲在内的具体交易策略是不予公开的。

交易所的期货和期权，与诸如股票和债券之类的资本形成工具相比，其风险管理工具存在本质差异，这体现了CFTC和SEC监管方法的差异，也解释了相关的透明度政策为何迥然有别。我们还注意到，美联储亦侧重于金融信息的机密性，但其政策带来的透明度问题对CFTC和SEC监管产品还未造成太严重的挑战。

市场取向。各个机构对市场走势有自己的固有取向。CFTC侧重于风险管理工具，因此取向较为中性，对对冲交易的两个方向都保持中立态度，将衍生品市场视为零和博弈。SEC特别强调通过资本形成促进经济增长，这表现在对卖空的一些具体限制措施上。美联储的初衷之一也是促进经济增长，因此偏向于营造股票牛市，但也会因担心市场繁荣造成系统性风险而出台一些平缓措施。

自律机构（SRO）。通过自律组织开展金融监管的方式也存在显著差异。CFTC强调市场诚信，SEC注重投资者保护，因此两个监管机构都更愿意倚重自律组织。相比之下，美联储的工作领域主要是银行系统及系统性风险，其注意力多放在单个金融机构上。

虽然有这样的发现，但是，我们认为，与自律组织的合作程度差异可能更多与预算相关，而并非由监管者的使命和工作重点造成。美联储的预算结构与CFTC或SEC截然不同。美联储为其金融机构监管和银行支付系统服务收取用户费用，其方式与CFTC和SEC产生的费用并无二致，但是，美联储的资产负债结构也能带来非常大的净收入。就是说，基于其发行零利率的货币以及设定法定及超额准备金利率的权力，美联储能拥有大量的计息证券。结果是，美联储能获取可观的投资组合收益，并能将其净利息收入的相当一部分返还给美国财政部。[①]因此，尽管美联储每年向国会呈送年度报告，但与SEC和CFTC不同的是，美联储并不需要国会批准其预算，这使其拥有比SEC和CFTC更大的独立性。

在2008年金融危机后，尤其是《多德—弗兰克法案》出台后，CFTC和SEC都审查了对自律组织的使用方式。SEC先前将自律组织视为合作伙伴，但最近一直对其加强执法。这就提出了一个问题，即如果自律组织与相关监管机构处于对抗状态，它们是否仍能有效支持监管。此外，随着交易所逐渐成为上市企业，监管机构不得不评估交易所的营利性质与其传统的自我监管责任之间不可避免的利益冲突。尽管这些冲突似乎是可管理的，但明确各方角色至关重要。

在控制系统性风险与鼓励市场流动性和效率之间进行权衡。政策应更多侧重系统性风险防控，还是市场的有效运作，这方面的理论争论越来越激烈。例如，《沃尔克规则》（*Volcker Rule*）旨在限制某些类型的金融机构（尤其是银行）进行自营交易，试图降低机构倒闭引发系统性问题的可能性。但是，其也带来了意外的副作用，例如它减少某些市场中的风险资本总量和交易量，从而可能对市场流动性以及市场参与者的交易成本和资本价格产生不利影响。

---

① 2008年金融危机之前，美联储还没有开始通过资产购买计划（量化宽松）扩表，这时美联储每年向财政部划款约200亿美元。2012—2014年间，由于资产负债表迅速扩大，美联储每年向财政部转移净利润800亿~1 000亿美元。

　　而《多德—弗兰克法案》似乎也使金融机构的合规性工作变得更加复杂。SEC和CFTC的工作都涉及证券及相关衍生品，其使命和目标并不总是协调一致。例如，基于指数的合约产品在期货交易所交易，而与指数挂钩的交易所交易基金（ETF）在证券交易所进行交易，且往往会使用期货合约来跟随其基准指标。而在国债交易以及涉及证券和期货合约的银行交易方面，SEC和CFTC往往还面临美联储的重合执法问题。

　　资本充足率以及"大而不倒"问题。只要存在规模经济，大而不倒就难以避免。针对大型机构系统性风险管理的不同监管方法之间存在相当大的争议。例如，为避免大型机构破产的影响在金融网络传播而形成系统性风险，《多德—弗兰克法案》要求很多场外掉期合约交易必须通过中央对手方结算。这个措施的意图在于，将清算所置于买卖双方之间，使风险共有化，从而降低大型机构破产带来的多米诺骨牌效应，同时，也使清算所对系统的运行更为关键。这种强制的交易中介虽然减少了掉期合约的灵活性，但能改善流动性，尤其是对于掉期合约的退出交易（exiting）而言。

　　此外，大而不倒问题会对资本充足率产生溢出影响。美联储一直是银行业的监管机构，银行是杠杆借贷机构，资本金要求是美联储监管工作的重要一环。出于系统性风险角度考量，美联储的管辖范围扩展到非银行机构，美联储似乎趋向于将银行类型规则应用于与银行没有多少共同点的机构，如保险公司。此外，出于某些目的，某些清算所被指定为系统重要金融机构，由此，美联储可能会考虑清算所的资本金要求，且往往与CFTC或SEC的考虑角度不同。而如果监管要求变得复杂或繁重，金融机构可能会不得不向海外转移。从国际经验看，英格兰银行似乎正在朝这个方向发展，即针对各种业务完全不同的非银行机构执行更高的资本金要求。

　　宏观审慎监管对货币政策有效性的影响。美国银行监管机构提出针对规模最大的一些银行征收额外资本费用，而巴塞尔银行监管委员会（BCBS）提出针对全球系统重要性银行（GSIFI）征收基于风险的资本费用（权益或债务），其设计初衷都是为了减轻系统性风险。但是，中央银行如果过于侧重资本比率和资本费用的政策，那么又可能会引起新的问题，即旨在管理经济风险的货币政策与侧重于系统性风险管理的宏观审慎监管之间的权衡。广义的宏观审慎监管可以定义为，使用监管工具来控制被监管者认为不当的金融泡沫或资产价格变化。宏观审慎政策可能会产生意想不到的效果，从而使传统货币政策的效力大大降低。例如，在大衰退（2008年及后续的危机）之后，美联储、欧洲中央银行（ECB）和日本银行（BoJ）都担心会出现通缩。短期利率逼近零，以及大规模资产购买（即量化宽松），这些措施都没起到任何鼓励通货膨胀的作用。[①] 非常规货币手段之所以未能促进通货膨胀，一个非常有力的解释是，信贷创造过程与短期利率政策以及中央银行资产负债表的规模之间的联系已经被严格的资本金要求和宏观审慎监管削弱了。也就是说，如果中央银行购买本国的政府债务，其对债券收益率的下行压力将非常有限（正如美国在2012年和2013年初的情况），但是目前尚不清楚此类行为是否会影响那些资本金受限的金融机构的放贷决策。对于信贷创造过程来说，似乎更重要的影响因素是金融机构对经济状况的预期，以及在保证资本金和资本比率的前提下提供新贷款的意愿。总之，在中央银行扩表时代，国家未偿还政府债务中，央行的持有比例将会更高，而私人部门持有比例将会下降。评级机构将这一动向视为主权信用评级的积极因素，而央行购买资产的行为不会在通货膨胀方面产生任何影响。同样，零利率也没有催生借贷热潮，因为银行更加担心自身的盈利能力和风险。简而言之，在低利率情况下，中央银行政策与信贷扩张之间的联

---

① 见第14章。

系非常松泛，甚至可以说没有。

我们并不反对加强宏观审慎监管。但是，我们观察到的是，旨在减轻系统性风险的监管工具很可能会使那些用于管理经济的其他政策工具的效力降低。而且，有一种可能的情况是，过分依赖宏观审慎政策（如较高的法定资本比率）可能会减少分配给交易活动的风险资本，使那些原本可用于风险管理的金融市场流动性不足，效率降低。此类利益权衡也正是监管讨论的核心问题，而如果监管目标存在冲突，则这个问题就更为严重。例如，与CFTC对市场诚信和效率的关注，以及SEC对投资者保护的单一诉求有所不同，美联储同时关注经济管理和系统风险管理，使得它从本质上就处于一种内在对立的关系里。

小结

由于监管机构寻求不同的政策目标，美国的多头监管结构将面临更大的挑战。对此的理解有两个线索：（1）为什么会市场失灵；（2）为什么会选择这样的制度（即公共选择理论）。历史上的每次市场失灵——不管是19世纪的银行挤兑潮，还是传统的期货市场交割失败，或者是1929年的股市崩盘和大萧条——都带来了相关的矫正措施，即新的立法和新的监管安排。也正是因为这样的历史进程，美国拥有更为复杂的金融监管体系，不同监管机构根据其诞生经历和使命，立足于不同的思维逻辑对同样的市场进行监管。

第 9 章
波动性与不确定性

Katina Stefanova[①] 和 Blu Putnam[②]

编者按：本章改编自2017年第四季度《对冲基金杂志》上发表的一篇文章。在金融界，对不确定性和波动性的混淆相当普遍，但这两个概念绝不能混为一谈。不确定性是一个心理学概念，涉及行为反馈回路，几乎不可能被测量。波动性则通常表现为能被观测到的统计学计算，如标准差或某种预期指标（如期权价格的隐含波动性）。这篇研究解释了高水平的不确定性为什么能与低水平的波动性共存，以及诱发波动性走高的因素有哪些。

与历史上波动性较高的时段相比，2017年，股票、债券和其他资产大类的波动性（每日市场价格变动的标准差）维持在较低水平。但与此同时，一系列潜在的市场波动事件的不确定性水平异常之高，以至于这些事件不时成为新闻焦点，受到颇多关注。2017年出现的这种较低水平的波动性和较高水平的不确定性并存的现象，成为一个有趣的奇景。

2017年，可能引发波动的问题相当之多。即便这些问题在2017年没有引发波动，考虑到上述不确定性的严重程度，2018年的情况也将会大大不同。美国未来的财政政策是否会大幅削减企业所得税？这是否会导致对通胀的担忧加剧，进而导致债券收益率上升、股市波动加剧？随着

---

① 美国Marto Capital资产管理公司首席执行官兼首席投资官。

② 免责声明：文中所举事例皆是对情况的假设性解读，旨在说明观点。这里表达的观点仅反映作者本人的观点，不一定反映其所在单位，即芝加哥商品交易所或其附属机构的观点。文中的信息不应被视为投资建议，亦不作为对实际市场情况的分析结论。

美国逐渐退出其世界"领头羊"的地位，全球贸易关系将如何变化？英国退欧谈判会像达摩克里斯之剑一样在未来几年笼罩英国经济吗？美联储开始逐步削减量化宽松计划，欧央行随后对其资产购买计划进行了微调。受益于量化宽松政策的资产类别将如何应对上述政策的撤出？可能造成军事影响的外交紧张局势比比皆是，尤其是在伊朗和沙特阿拉伯彼此剑拔弩张的中东地区。

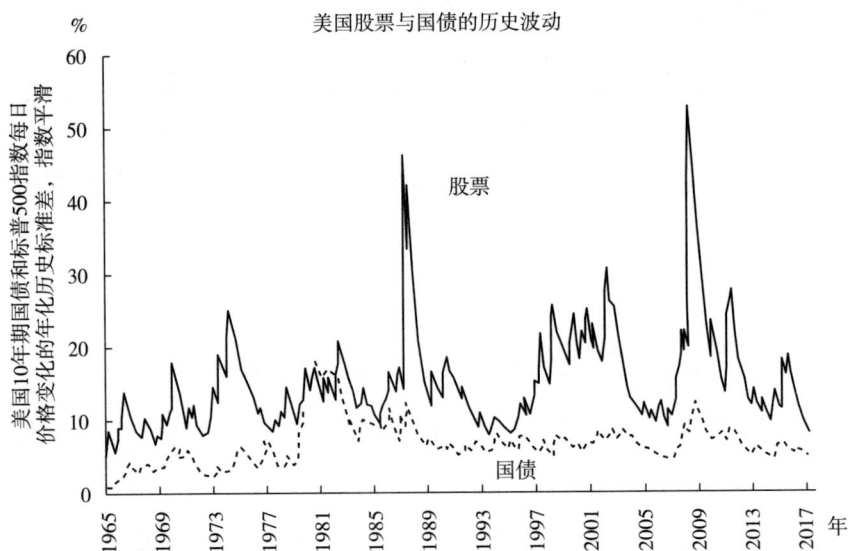

图9-1　股票与债券的波动性

〔资料来源：价格数据来自彭博专业服务（SPX，USGG10YR），波动性数据来自芝商所集团〕

从本质上说，2016年至2017年的情况表明，世界面临着严重的经济和政治挑战，有可能导致二元结果的出现。也就是说，不仅环境的不确定性有所增加，潜在市场结果的概率分布也显然非正态分布，而是呈高度偏态甚至呈双峰分布，这意味着投资者获得回报变得尤为困难。

此外，令市场参与者担忧的并非只有短期问题。外部环境也很重要，几个主要的长期驱动因素同样需要关注，如逆全球化趋势、人口变化、移民和社会转型等。总之，"二元时代"的全球市场受到的社会和政治风险比1950年至2015年期间更为显著，特别是民粹主义的兴起导致了整个市场的不确定性上升。2016年，英国退欧和美国大选加剧了整个市场的巨大波动，银行业和能源行业的股票大幅上涨，墨西哥比索的波动也有所加剧。

人们可能会认为所有这些不确定性都会带来市场波动性的增加，尤其是股票和债券价格的剧烈变化。但事实上2017年的情况并非如此——不过，在2018年，在一些特殊事件催化下，市场的自满情绪被终结，股票价格的确随之发生了波动。为了了解什么事件会真正引发波动，我们需要研究不确定性和波动性之间的复杂关系。

不确定性的长期驱动因素

虽然人们通常将时事和新闻中讨论的各种政策问题作为不确定性的来源，但我们的观点是，深入研究那些经常被忽视的导致不确定性的长期驱动因素更为重要。人们需要意识到，一个几十年才能发展起来的趋势可能突然以非常强大的方式显现出来。尽管几乎每个人都意识到长期变化正在发生，但对现实的感知往往是由惯性驱动的，直到某个催化事件突然改变了对人们现实的共同认知。下面，我们以债券市场、技术、社会观念和企业变革为例来说明分析长期驱动因素带来的挑战。

债券收益率下跌趋势的逆转。在1982—2016年之间的30多年中，投资者一直受益于利率的下降，但从2018年开始，更多人认为这种趋势可能已经结束。2017年末，工业大宗商品似乎已经结束了熊市——这是通胀压力再次出现的必要条件。美国通过了一项大规模的企业税永久性削减计划（见第3章），这大大增加了美国的债务规模（见第2章），并在很大程度上扩大了美国国债拍卖的规模。这一计划实施的结果是，美国10年期国债收益率从2017年底的2.4%上升至2018年第二季度的3%。

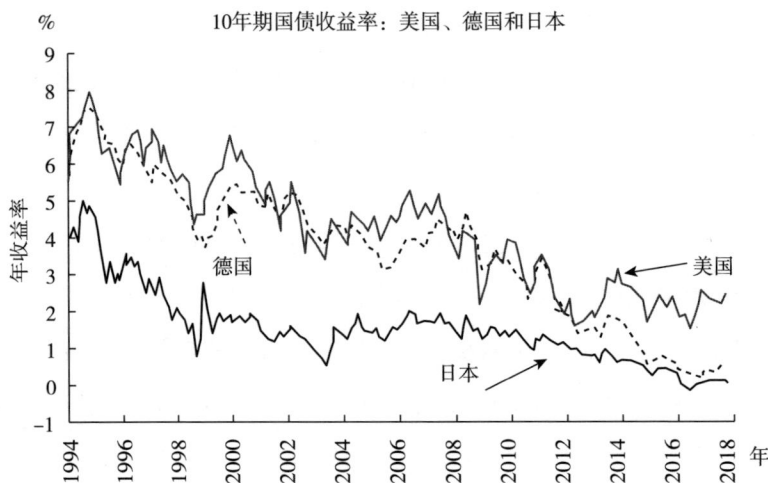

图9-2 国债收益率对比

[资料来源：彭博专业服务（USGG10YR，GJGB10，GDBR10）]

技术创新打乱了原有的就业模式。创新提供的动能使所有行业的颠覆性发展成为可能。众所周知，到21世纪20年代和30年代，大多数操作性常规工作将很可能实现自动化。在美国，非常规认知工作（即解决问题的工作）的增长率较操作性常规工作的增长率更高。

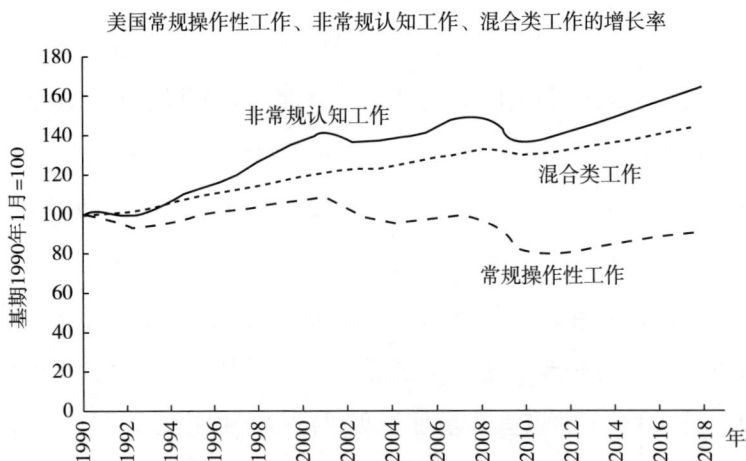

图9-3 工作增长（按类别）

（资料来源：圣路易斯联邦储备银行 FRED数据库）

技术创新也极大地改变了石油生产的情况。在过去10年中，从需求端看，水力压裂法的出现极大地改变了石油生产方式。随着美国页岩油生产的角色发生变化，石油输出国组织（OPEC）不太可能像1970—2010年期间那样有能力独立操控油价。2018年，美国、沙特和俄罗斯成为全球三大石油生产国，这削弱了OPEC的影响力，因为尽管俄罗斯和美国确实就石油政策相互进行过谈判，但它们并非OPEC的成员国。

到21世纪20年代，石油需求端可能会发生颠覆性变化，四分之三的精炼石油将被用作交通燃料。技术变革使得交通性燃油使用效率大幅提高，可能会抑制对石油的需求。此外，替代能源领域的进一步技术革新可能会给全球油价带来持续压力，并使传统的石油估值模型变得不再可靠。很明显，潜在的基本面已经发生了变化。目前暂不清楚风险管理方法将何时调整以及将如何调整。

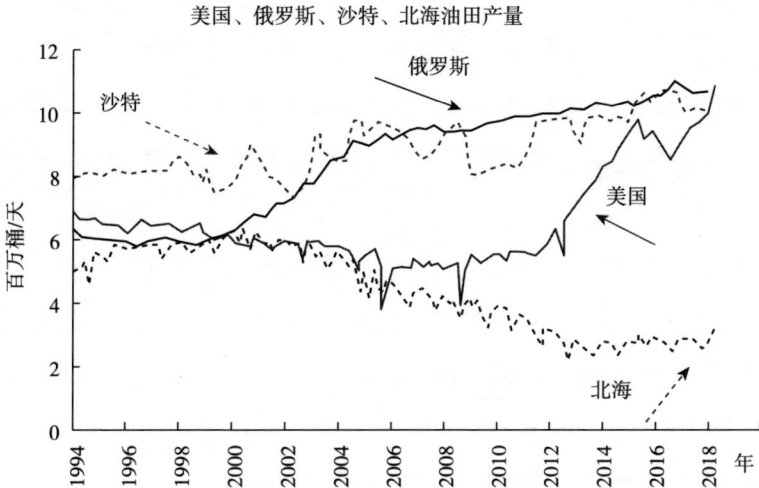

图9-4 主要国家的石油产量

（资料来源：彭博专业服务）

美国对原油提炼品的消耗

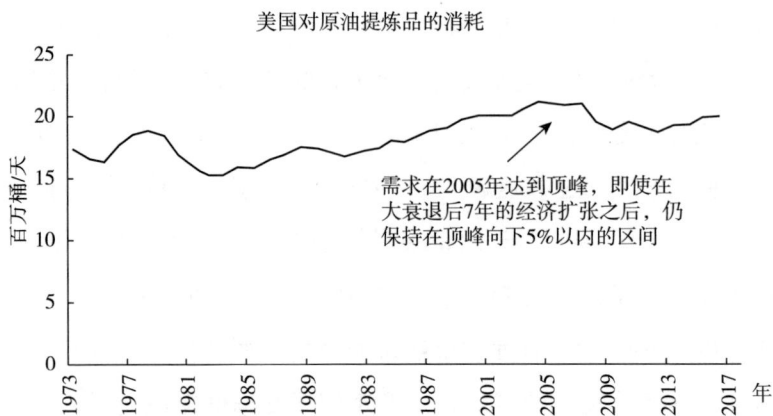

图9-5　美国油品消耗

（资料来源：美国能源信息署）

发达国家是全球不稳定因素的主要来源。在发达国家，不断扩大的收入差距会产生巨大的社会影响，并可能造成资源错配。从长远来看，很大一部分人将对政府失去信心，社会凝聚力降低。在经济正增长和低失业统计数据的掩盖下，分析师们往往会忽视平均数字背后的深层分歧。财富和收入的差距正在日益扩大，这可能成为社会动荡的重要推手[①]。不幸的是，货币政策在缩小财富差距和机会差距方面显得无能为力。

此外，人口老龄化也是发达国家社会变革的来源之一。例如，美国人口正在迅速老龄化，到2020年，约有7300万美国人（约占美国人口总数的22%）将年逾62岁（www.census.gov）。美国、欧洲和日本即将退休的老龄人口希望通过储蓄获得可预测的收入。对于资金不足的养老基金和没有储蓄的退休人员而言，经济增长仍是必不可少的。

最后，我们注意到，2017年世界各地的流离失所者人数创下历史

---

① Jesse Bricker等人在2014年9月的一项美联储研究"2010年至2013年美国家庭财务的变化：来自消费者财务调查的证据"中记录了美国的收入不平等挑战，《美联储公告》，100（4）。

新高。来自叙利亚等中东诸国以及非洲的难民危机成为一个新的变数，经济和文化方面的紧张局势进一步恶化。德国总理默克尔认为，在欧洲人口下降同时老龄化加速的情况下，难民将成为欧洲急需的低成本劳动力的来源，这种观点从长远来看不太可能奏效。实际上，对于如何安置2014年以来越境进入欧洲的一百万难民，德国目前可谓焦头烂额，这称得上是"二战"以来全球最大的一次难民危机。

　　企业破产的速度增加了不确定性，甚至加剧了股市的波动。20世纪50年代，一家标普500公司的平均存续时间为60年，到2010年后，美国企业的存续时间下降到20年左右，这反映出经济动荡的巨大影响[1]。美国圣菲研究所的研究员Geofrey West在其撰写的《规模》（Scale）一书中，从自然科学家的角度探讨了公司和城市的最大规模和最长存续时间，进一步丰富了对影响公司经济行为的外部变化的相关研究。

为何不确定性的上升伴随着低水平的波动性？

　　如果将当前市场担忧的一系列问题放在不确定性的长期驱动因素下考虑，人们可能会困惑，为何在2017年不断上升的不确定性会伴随着低水平的波动性同时出现。从根本上说，我们亟须理解不确定性的驱动因素，也需要研究应对不确定性的行为模式。对不确定性的恐惧通常会导致与混沌理论非常相似的行为模式[2]，这些观察可能有助于解答为何高水平的不确定性与较低水平的市场波动性能够共存这一难题。

　　假设你发现自己深夜走在一条废弃的小路上，你非常担忧自身的安全。你听到身后有脚步声，随着你继续往前走，脚步声越来越近，你感

---

① 根据瑞士信贷的Eugene Klerk 2017年8月24日在题为"欧洲的颠覆性力量：入门介绍"报告中的研究，ValueWalk在其29日的报告中称："经济动荡已造成公司存续年限缩短了66%。"
② James Gleick，1987年《混沌：开创新科学》，纽约：维京图书。

到越来越害怕，但依然继续前行。脚步声越来越近，你听到某种声音或感受到了其他情绪催化因素，恐惧感立刻达到了临界点，此时你必须决定转身面对挑战还是选择逃跑。一旦作出了选择，就没有回头路了。

这些都是使用混沌理论分析得出的决策类型。恐惧或不确定性的增加不会使行为发生改变。对恐惧的反映需要催化剂的参与；恐惧或不确定性本身并不是产生波动的原因。在上述例子当中，脚步声越来越近，迫使我们决定采取一定行动，并且一旦做出决定，就会引向一条新的道路。再举一个例子，假设相同的事情发生在滑雪坡上。你在山顶，靠着滑雪板凝视着陡峭的高手坡道。你可以从"兔子坡"（初学者滑道）下来，也可以选择从高手坡道一冲到底，但一旦决定选择陡坡，就没有回头路了。

根据我们观察到的情况，在科技、人口、社会变化以及当前的税收、贸易和货币政策等方面，这些不确定性的确是显而易见的。但只有当某些事情真正发生后，改变了人们的普遍看法，对不确定性的担心转变为采取行动应对潜在市场变动事件的相关风险时，催化作用才会出现。

2017年，尽管存在不确定性，但全球经济继续向前发展。美国保持着2%的实际GDP增长率，欧洲和日本的经济发展势头稍有起色。全球经济的真正改善来自发展中国家，中国仍在艰难应对债务负担问题，但经济仍保持增长，主要国家的通胀率依然较低，巴西摆脱了严重的经济衰退，高油价推动了俄罗斯经济发展。随着经济活动在缺少催化剂推动的情况下继续发展，2017年市场参与者选择忽略不确定性，波动性相对较低。

风险管理的影响

目前，波动性按历史标准衡量来看依然很低，市场情绪相对乐观，人们对风险催化事件发生的时间、规模甚至其性质都不甚清楚，但这并不意味着风险管理应该是被动的。有大量证据表明，风险管理人员正积极应对其面临的挑战。2017年芝商所集团旗下多种产品（从美国国债到石油，再到铜和活牛）的开盘价均创下历史新高。美国商品期货交易委员会（CFTC）交易员持仓报告显示，生产商为对冲风险而进行的未平仓做空合约量有所增加。大型企业5月的现金留存率很高，表明它们对投机的态度较为谨慎。一段时间以来，投资者已转向被动的、指数型证券，而不是冒进地承担选股风险。2017年的波动性虽然较低，但市场参与者对此保持警惕。

以下是我们对潜在风险管理解决方案的总结，这些解决方案可用于管理高度不确定性——无论波动性水平的高低。

更好地使用期权降低事件风险。一般而言，期权特别适合管理不确定性风险，即便是在波动性较低的情况下。尽管这种可能性很低，随着不确定性的增加，市场价格发生大幅变动的风险也随之增加。这种（上涨或下跌的）价差风险与波动性有所不同。传统的简单期权定价模型（如Black-Scholes期权定价模型）假设价差风险不存在，这种假设有助于更清晰地解释隐含波动率，但这种方法在不确定性增加时效果不佳，因为事件风险会产生更大的偏差，有时会产生双峰概率分布。

由于市场表现出外生因素的特征，传统模型不能充分反映不确定性。以投资分析为例，传统模型侧重于对公司和行业进行估值和增长分析，但其他社会政治因素，如金融法规和军事冲突，可能是某些时期的主要驱动因素，并会导致极端、频发的尾部风险。全球环境的不确定性使得传统估值模型不再可靠。

在不确定性日益增加的大趋势下，外部环境的变化不容忽视。发生结构性变化的根本原因可能需要很长时间才能被市场接受。资产管理公司不应忽视外部风险，因为改变格局的催化事件随时可能出现。尽管不确定性水平在上升，充足的全球流动性抑制了市场的波动。这是应对事件风险概率上升的方式之一。

静态相关性不能分散风险。当"黑天鹅"事件发生时，资产类别内的相关性达到峰值，这说明具有类似风险特征的证券之间是相互联系的，即便它们的现金流来源有显著差别。一个最近的例子是2016年英国退欧。英镑暴跌，导致新兴市场纷纷抛售英镑外汇，与此同时美元的回升影响了新兴市场对美元债务的清偿能力。在这种情况下，短期内不确定性将导致风险规避行为，越来越多的投资者开始寻求资产安全。

有必要采用主题化投资组合和风险管理策略。所有上述有关高水平不确定性和低水平波动性并存的挑战与想法都表明了进行主题化金融工程的必要性。在不确定性的长期驱动因素的大背景下，这些主题会引发经济和政治冲突，进而产生短期的事件风险概率分布，这种分布可能呈高度偏态甚至双峰分布趋势，并且在某些情况下可能显著影响投资组合的相关性结构。关注主题而不是资产并不是一种新思路，但考虑到出现价差、相关性结构发生变化和出现二元结果的风险，采用这种思路比以往任何时候都更加有必要。

第 10 章
机器学习：使用贝叶斯方案应对金融市场预测分析的挑战

Blu Putnam[①]

编者按：在过去的几十年中，机器学习和人工智能取得了令人瞩目的成就。通过使用这些技术，计算机可以在国际象棋和智力游戏《危险边缘》（*Jeopardy*）的人机大战中获胜，也可以用于人脸识别、汽车驾驶、根据放射影像作出医学诊断、识别抗癌物质的化学结构，以及开发加密技术等领域。部分量化对冲基金已经开始探索使用最新的机器学习和人工智能来帮助预测市场行为和投资管理组合。尽管整体持乐观态度，但这项研究依然表明，在预测经济结果和金融市场行为时，机器学习和人工智能面临着在其他方面所未有的严峻挑战。

在好莱坞电影《点球成金》、大数据、机器学习和人工智能的时代，使用不断创新的统计工具预测金融市场走势似乎再自然不过。考虑到预测市场行为的难度，这个门槛似乎不高，人们非常期待在将预测分析应用于金融市场方面取得重大进展。

虽然无意向通过机器学习和人工智能成就金融天才和实现财富的梦想泼冷水，但在讲述金融市场的预测分析的有用规则之前，或许应该首先了解其面临的挑战。

需要明确的一点是，我们是乐观派。我们也在很多研究和实操场合

---

① 免责声明：文中所举事例皆是对情况的假设性解读，旨在说明观点。这里表达的观点仅反映作者本人的观点，不一定反映其所在单位，即芝商所或其附属机构的观点。文中的信息不应被视为投资建议，亦不作为对实际市场情况的分析结论。

积极运用机器学习等新工具。我们的观点是，金融市场的暗黑历史教导我们，出手之前要多观察，不要打马虎眼，更不要过于托大。

预测金融市场行为的挑战

机器学习和人工智能领域过去几十年取得了令人惊叹的成就，让人印象深刻。就拿面部识别来说，如今计算机在这个方面已经轻车熟路。当然，人脸的基本结构在过去的几万年里没有发生改变，所以部分上述成就要归功于图像储存和搜索功能的进步，而不仅仅仰仗机器学习。计算机在智力游戏《危险边缘》中击败人类的情况与面部识别取得的进展类似。随着计算机储存和搜索能力的显著进步，算法不断得到改进，内存能力不断增强，计算机最终能在《危险边缘》游戏中胜出。

下赢国际象棋对计算机来说稍加困难一些。国际象棋有反馈循环机制，计算机走一步，人类走一步，计算机再走一步，如此循环往复。而计算机拥有足够储存无数盘棋局的内存、强大的搜索引擎，以及复杂的机器学习算法，使得其能够最终突破瓶颈，打败世界顶尖的国际象棋选手。

然而，预测金融市场要比下国际象棋困难得多，不过，算法在某些金融领域已经有相当出色的表现，取得了一些重大进展，但也有一些失败的案例[①]。

我们再回到金融市场和国际象棋的比较。在国际象棋中，规则是已知的、固定不变的，获胜的规则很明确——即抓到对手的国王。但金融市场的情况并非如此。不同的市场参与者会有明显不同的目标。经济学

---

① Heaton, J.B.，2018年4月，"量化投资与金融数据（深度）学习的局限性"，*The Capco Institute Journal of Financial Transformation*，47：117-122。

家偏向于做出这样的假设，即市场参与者，无论是平均水平还是长期来看，对于如何实现效用最大化都是理性的——这通常表现为财务收益和风险之间的明确权衡（trade-off）。但人类的行为方式（相较计算机而言）并不十分明确，市场参与者在风险回报方面的权衡方式往往大相径庭，而且随着时间的推移，这种权衡的性质还会发生改变。

此外，部分重要市场参与者有着完全不同的目标。以央行为例，央行对胜利（winning）的定义有所不同。它们不追求控制风险、最大化利润或其他诸如此类的东西。2008年大衰退之后，央行将短期利率维持在零左右的水平，并通过购买资产（即量化宽松，QE），以期刺激通胀并维持高于平均水平的经济增长。虽然央行的首要任务没能实现，但各国央行还是造成了资产价格通胀——债券收益率下降（价格上涨），股票价格上升。随后，一家主要央行——美联储改变了策略。2016年以来，美联储提高了短期利率，允许部分资产到期且不被置换。中央银行不仅对胜利的定义有所不同，它们还可以随着时间的推移，调整其参与市场的程度、方向和动机。

随着金融市场和经济的发展，规则可能会发生变化。2010年出台的《多德—弗兰克法案》确实改变了游戏规则。2018年，《多德—弗兰克法案》的部分条款被撤销，对规则的解释也可能会发生重要但规模较小的变化。如果市场参与者不想适用美国证券交易委员会（SEC）的规则，可以申请豁免或申请"无异议函（no-action letter）"，但该申请可能被批准，也可能不会。

不同市场参与者对规则的解读也有所不同。总会有部分市场参与者不喜欢按规则出牌——例如2006年发生的次贷危机、2008—2010年的LIBOR操纵丑闻、汇率操纵丑闻等。所有上述行为都使得从行动到反应的反馈循环机制变得非常难以预测。

金融市场还必须应对市场参与者的非线性行为[①]。经济学家对于什么构成理性行为有一个线性假设，但这种线性假设并没有反映出许多人类行为中存在的非对称性。

举一个例子，人们对损失和收益的态度往往大相径庭。人们喜欢赚钱，但更讨厌亏钱——这里的风险偏好是不对称的。

人们也倾向于根据近期的过去行为来设定参考锚点。2008年9月的金融危机和金融市场的崩盘对市场参与者的影响持续了多年。2013年到2017年间股票策略（如逢低买入）取得了成功，似乎证明股市的持续上涨、偶有跌落是总基调，这一点判断也成了参考锚点，直到2018年初，形势发生了变化。无论未来变化趋势如何，人们的行为总会受到近期的过去行为的重大影响。

虽然人类对直觉的依赖使得人类行为和反馈循环机制更难被机器理解和预测，但人类往往不太善于分析统计数据（他们通常会对小样本数据赋予过多的重要性），这让机器获得了部分优势。

市场的动态、不断变化的本质带来了巨大的挑战。当规则发生改变，参与者的动机和风险回报权衡会随之改变，技术、人们的品位和时尚潮流等都会发生改变，做出正确预测的难度呈指数级增长。

托马斯·贝叶斯、机器学习与人工智能

市场的动态性质、不断变化的反馈循环机制加上技术或监管带来的结构性变化都表明，相较过去基于固定基期的方法，误差学习和其他统计分析方法可能在金融预测中发挥更好的作用。也就是说，如果人们训

[①] 参见Akerlof，George，and Shiller，Robert J.，2009，动物精神：人类心理如何驱动经济发展，以及为何其对全球资本主义很重要，New Jersey，Princeton University Press。

练机器学习算法来识别2010—2016年大衰退后时期的模式，将短期利率设定在零左右，并考虑非盈利最大化的央行大举购买资产的情况，然后将该算法应用到2017—2018年，可能会发生严重误判，因为此时利率上升，美联储资产负债表萎缩。

图10-1　托马斯·贝叶斯牧师（常用头像，是否准确已无人知晓）

如上所述，市场的动态特性表明，定期对人工智能和机器学习的算法进行更新是非常有必要的。动态更新的方法有很多，此处我们围绕托马斯·贝叶斯（约1701—1761）的工作成果进行案例研究。无论我们是否选择采用贝叶斯定理，随着可用信息量的增多，使用贝叶斯定理来更新一个假设的发生概率，并将其应用于机器学习和人工智能中，这种方式将给我们提供诸多思路和见解。本质上，我们认为，贝叶斯推理能给我们带来诸多启发，例如如何使用大数据、机器学习和人工智能建立有效的预测系统。因此，请耐心听我讲几句关于英国长老会牧师托马斯·贝叶斯的题外话。

有趣的是，早在1750年，长老会就吸收了宿命论的信仰。也就是说，长老会的上帝对每个人的生活有一个预定计划（命运），但并未将这个计划传达给每个人。也许，贝叶斯牧师命中注定要研究概率论和统计学？

同样值得注意的是，贝叶斯牧师被安葬在Bunhill Fields，这是一个非教徒的墓地，这在当时意味着墓主人不接受英国圣公会的《共同祈祷书》。许多名人安葬在此，包括《天路历程》的作者约翰·班扬（1688年逝世）；《鲁滨逊漂流记》作者丹尼尔·笛福（1731年逝世）；艺术家、诗人和神秘主义者威廉·布莱克（1827年逝世）；因对其儿子约翰和查尔斯的教育，被称为"卫理公会之母"的苏珊娜·卫斯理（1742年逝世）；以及统计学家和哲学家托马斯·贝叶斯（1761年逝世）。贝叶斯显然是一个充满创新精神的思想家，非常愿意挑战既有的认知与公俗。

简单地说贝叶斯定理，其含义就是一个观点（view）与置信水平。人们吸收一条新信息，然后会审视自己对未来的看法以及对这种看法的信心程度。

金融市场亦是如此。市场参与者持有一个观点（持有一组头寸或一个投资组合），并对风险作出评估。参与者无时无刻不在获取新的信息，其中大部分都是"噪声"，偶尔他们也会获得一条信息，并因此改变其持有的头寸或调整投资组合，或者改变他们对风险的评估。

贝叶斯将他的想法写了下来，并画出示意图——他甚至用台球桌来解释动态概率过程。直到法国数学家拉普拉斯（Pierre-Simon Marquis de Laplace）去世之后，他的这些方程才被记载下来。拉普拉斯在数学和物理方面成就卓越，是早期提出存在黑洞和引力坍塌的思想家。1784年，拿破仑·波拿巴在巴黎军事学院学习时，拉普拉斯是他的考官，并给他打出了高分。拉普拉斯也阅读了贝叶斯的成果，并将其转化为一组遵循概率定律的三个简洁方程。真正令人惊讶的是，他将他的成果命名为贝叶斯定理——要知道，法国人并不总是给予英国人应有的重视，而且数学家们之间的竞争相当激烈。

贝叶斯定理的一个优点是，它能够基于数据洞察并以无缝的方式得出专家信息，只要这些输入信息包含观点和信心评估。在大数据和人工智能时代，专家建议的重要性备受争议。

一个巨大的挑战是，即使是一系列的随机数也能产生有趣的模式规律，但它们的问题在于无法持久，因此人们必须训练机器不被随机数据中的模式所迷惑。对此，专家们或许能够提供帮助，尤其是当规则刚刚发生改变的时候，当一家新的大型机构带着不同目的（如央行的量化宽松政策）进入市场时，或者（如在页岩油生产或燃料效率方面的）技术出现巨大飞跃的时候。

需要注意的是，所有这些事件都会大大降低历史数据的预测价值，这意味着用于训练机器学习算法的数据可能不再适用这个目标。市场发生的重大结构性变化实质上导致体现变化的新数据集非常小且仍在演变，而这正是使用贝叶斯方式加入专家建议的好时机。在贝叶斯系统下，如果专家出错过于频繁，系统仍会接受专家的建议，但会赋予其很少比重甚至将其价值直接降为零。

通过动态的贝叶斯系统，人们可以决定如何快速降低旧数据的信息价值。也就是说，并非所有的信息价值都是相同的。确定旧数据的信息价值难度很大，比如部分经济或市场过程中的历史数据价值比其他过程中贬值得更快。此外，同一经济系统中的旧数据也会有不同的贬值速度。另外，人们对相同的数据模式可能持不同看法，即不同人可能对同一组历史数据的贬值速度有不同观点。

例如，经济学家经常执着于使用回归方法，这在很大程度上导致他们无法作出预测。在回归计算中，所有数据点的价值都相等。通常来说，在假设检验中，新旧信息是混合在一起的，而在预测分析中，我们必须确保在模拟历史中的任何给定时间段仅使用那个时间段的可用信息。此外，回归假设估计的参数在研究期间保持固定不变，但金融市场经验清楚地表明，这些预计参数是动态的目标，是动态演变且时变的。那么为什么要选择使用一种假设参数是不变的分析技术呢？

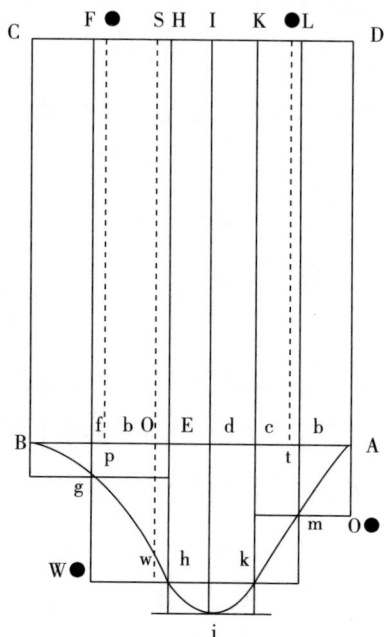

图10-2 贝叶斯台球桌示意图

顺带一提，这种事情时常发生。在期权领域，Black-Scholes-Merton期权定价模型假设不存在价格跳跃或缺口，交易和价格的演变是平滑连续的。当然，现实世界中并非如此，尤其是在2016年，当时的事件风险（如英国退欧公投或美国大选）占据世界中心舞台。用期权价格隐含波动率模型（假设价格缺口不可能出现）来消除市场对事件风险和价格缺口的担忧，可能不是正确的分析方法。

例如，如果一个人想要研究石油市场，那么他必须了解页岩钻探方法的发展和持续改进，否则他将永远研究不明白。在利率方面，2008年的恐慌先是针对零利率，然后是量化宽松政策，在2016—2017年，美联储开始缓慢提升利率，退出量化宽松政策。这些都是巨大的动态变化。

在研究GDP时，人口统计可能比美联储政策更重要，但人口统计模式的变化发生得极为缓慢，以至于很容易被忽视（见第5章）。然而，随着婴儿潮一代的退休和背负学生债务的千禧一代步入劳动力市场，这比任何货币或财政政策更能解释当今迟缓的GDP增长模式。

因此，本文的结论是，时变的动态过程对于金融市场预测而言至关重要。如果人们愿意解决这个复杂问题，并花时间建立系统来进行研究，机器学习和人工智能可以捕捉上述动态观测结果，但这并非易事。

机器学习与人工智能流程

我们在将贝叶斯定理应用于机器学习和人工智能时的经验教训可以简要总结如下：

- 先试试无监督学习（unsupervised learning）。就算结果不可信，也要看看数据是怎么说的。
- 加入分析并保证随机性。
- 加入专家信息以及各类压力测试模拟（见第13章）。
- 不要只关注确认性证据（即证明系统有多好），要更关注系统何时/何处出现问题，不适配的地方是什么，并了解出现问题的原因。
- 最后，不要对"最佳"历史模拟过于自信。记住，"最佳"模拟是那些可能包含最多"运气"成分的模拟。要学会欣赏随机模式和运气的作用，并降低对研究结果的预期[①]。

---

① 非专业版本参见Markowitz，H.，Xu，G.L.，Putnam，B.H.，2000 "降低研究预期"，*Integrating Risk Management into Asset Allocation*，*Blu Putnam*，*Global Investor*，*London*。关于数据挖掘中潜在偏差的数学解释，参见Markowitz，Harry和Xu，Gan Lin，Fall 1994的"数据挖掘修正"，*Journal of Portfolio Management*，21（1）：60-69. DOI：https://doi.org/10.3905/jpm.1994.409494。

第11章
投资组合优化：风险评估系统革新

Blu Putnam[①]、Graham McDannel 和 Veenit Shah

编者按：本章最初发表在Capco Institute的杂志《*Journal of Financial Transformation*》 2016年11月刊第44卷。投资组合优化和风险评估系统的有效性关键在于模型中隐含的假设。令人遗憾的是，许多模型构建者做出的假设较为草率，他们坚信万事万物普遍呈正态分布或对数正态分布。本文认为，正态化的假设正是产生问题的根源所在。

在投资组合构建和金融风险评估领域，优化的挑战无处不在。虽然金融优化理论非常复杂，人们也在研究模型构建和作出关键假设上花费了大量精力，但当前实践仍有许多地方亟待改进，我们可以将其描述为通过创可贴或胶带粘在一起的拼布床单。即便如此，在构建投资组合和管理金融风险时进行优化分析的技术依然取得了一些进展。从使用量子计算机完成浩如烟海的搜索工作，到通过结构化机器学习提升模式识别的准确性，金融优化方式即将发生重大转变。变革可能即将到来，现在是时候了！

然而，想要理解金融优化技术新进展的重要性和前景，就必须首先了解投资组合经理和风险官当前面临的实际情况。鉴于许多量化实践中会混合使用多种方式，相关性估计和波动性分析的内在一致性面临重大挑战。随着政治、政策和颠覆性创新带来的事件风险的增加，与波动

---

① 免责声明：文中所举事例皆是对情况的假设性解读，旨在说明观点。这里表达的观点仅反映作者本人的观点，不一定反映其所在单位，即芝商所或其附属机构的观点。文中的信息不应被视为投资建议，亦不作为对实际市场情况的分析结论。

性机制的稳定性以及相关性估计有关的常见假设开始受到质疑。不仅如此，事件风险将导致预期收益在短期内主要呈双峰分布，而这通常会导致出现价格缺口和波动性机制发生改变的可能性被低估。对使用量子计算机和结构化机器学习进行穷竭搜索的方式进行优化，给我们提供了未来这样一种可能性：即对与事件风险相关的概率进行更加深入的评估，加强对出现双峰分布和其他非正态分布的回报的可能性分析，并构建出更加稳健的投资组合以应对极端（或肥尾）风险，因为这种风险出现的频率似乎比使用传统方法作出的预测更加频繁。

本文的研究分为三个部分。首先，本文将追溯回顾现代投资组合理论（MPT）之父，哈里·马科维茨教授（Harry Markowitz），了解其主要理论成果。然后，本文将详细介绍几种非常常见的优化方法，这些方法与马科维茨理论中的关键假设是背道而驰的。在分析金融优化面临的常见挑战（这些挑战往往导致对风险的严重低估，并且会构建出次优投资组合）时，本文大量使用了2016年6月英国退欧公投的例子进行说明。最后，文章回到关键主题，即两大技术进步——量子计算和机器学习——将如何更好地改变投资组合优化实践。

哈里·马科维茨和均值方差优化的基本假设

1990年获得诺贝尔经济学奖的哈里·马科维茨教授无疑是现代投资组合构建优化和风险评估的先驱者。令人惊讶的是，自马科维茨在20世纪50年代提出均值方差优化算法并将其应用于金融界的65年里，大多数实际金融优化问题都是通过创造性地使用创可贴和胶带（包括一些特别复杂的数学计算）来解决的，这些方法被嵌入马科维茨教授在芝加哥大学的博士论文中作出的关键假设中，以使优化问题易于处理并能够适用于现实情况。

虽然有大量复杂的文献涉及均值方差优化在金融领域的应用，但本文将绕开描述计算过程和罗列学术文献的环节，而是让读者直观地感受学者和从业者花费数十年时间致力于解决的一些关键挑战。本文认为，认识到在现实世界中使用优化方法所面临的挑战，能够有效帮助读者理解为何优化方式的革新即将到来。

马科维茨教授在20世纪50年代早期的开创性工作[①]的辉煌之处在于，他认识到风险评估在股票估值和投资组合分析中发挥的作用，因为投资者实际上是在对未来有相当大不确定性的情况下构建投资组合。事实上，现代投资组合理论（MPT）有效吸收了马科维茨教授提出的观点，并将其作为证券分析的关键因素之一。

正如D. Sykes Wilford教授在评论马科维茨教授对现代投资组合理论的贡献时指出的那样（Wilford，2012）[②]："实际上，现代投资组合理论可以应用到几乎所有的金融理论和实践中。同样地，现代投资组合理论的实际运用经常会打破理论背后的（以及马科维茨提出的）许多基本假设，使得依据这些行为得出的结论极具误导性，并且在许多情况下与真相背道而驰。"

Wilford教授的贡献在于，他强调了一点，即人们需要用富有挑战性的眼光看待金融优化技术的实际应用，尤其是它们嵌入基础理论中的一些假设（其中部分假设是相当草率的），这也将是本文的研究方法。我们希望在这个过程中，人们认识到量子计算和机器学习将如何改变投资组合搭建和风险评估的实践，让现实世界更加真实地接近马科维茨教授描绘的理论世界。

[①] Markowitz，H.M.，1952年3月，"资产选择（Portfolio Selection）"，*The Journal of Finance*，7（1）：77-91.

[②] Wilford，D.S.，2012年，"真实的马科维茨、打破的假设以及为什么这些假设很重要"，*Review of Financial Economics*，21（3）：93-101.

金融优化方法的理论与实践

关于马科维茨教授，人们一直忽视的事情是，其实他更为重要的研究理念是致力于提升投资组合优化过程的实用性和可行性。20世纪50年代至60年代，学术界曾争论经济学是否应寻求更加精确和普适的解决方式，还是应接受近似方法。在1990年的诺贝尔演讲中，马科维茨教授就他的研究思想和上述业内话题发表了看法：

"我们寻求一套投资者实际可遵循的规则——至少是对于那些拥有足够计算资源的投资者来说。因此，相对于无法实际进行计算的精确方法，我们更青睐计算上可行的近似方法。我相信这就是Kenneth Arrow在研究不确定性的经济学原理时，与我的理念的不同之处。他试图寻求一个精确而普适的解决方案，而我寻找的是尽可能好的近似方式。但我认为这两种思维方式都是非常有价值的。[1]"

马科维茨教授的实用方法是我们直观分析投资组合优化挑战的起点。当我们将量子计算和机器学习带来的进步作为案例进行研究时，我们将只关注当前实践中常用的几个关键假设。我们关注的关键假设包括：（1）使用历史数据估算预期波动性和相关性，并使用前瞻性方法估算预期回报；（2）将标准差作为衡量波动性的统一计量方式；以及（3）相关矩阵的不稳定性和预期收益的非正态分布。随着事件风险的出现，所有上述假设的缺陷都以相当戏剧化的方式呈现出来。下面，我们以2016年6月英国退欧公投为例来展开分析。

依赖历史数据的危险与挑战。 在使用马科维茨的均值方差优化算法时，我们需要使用期望值（即预期收益、预期波动性，以及预期相关性等）来描述投资者面临风险的主观概率分布。预期回报的计算有各种前

---

[1] Markowitz, H.M., 1991年6月, "投资组合理论基础（Foundations of Portfolio Theory）", *The Journal of Finance*, 46（2）：469-477.

瞻性的定量和定性方法。然而，在计算预期波动性和相关性时，人们往往会参考历史表现。马科维茨教授曾用一句很少被提及但意义深远的话来说明如何借鉴历史经验，这句话值得我们铭记：

"计算……与历史收益相同，这并不意味着我们将其作为预测未来的方式；相反，我们是将其作为实际收益分布的例子。"①

将历史用作预期波动性和相关性，可以使风险经理免于承担任何预测责任，但会使相关投资组合持有人面临相当大的投资决策风险。许多金融监管机构要求出具免责声明，明确"历史业绩不代表对未来业绩的预测"，这是有充分经验作为依据的。历史总是包含很多信息，然而每一个历史阶段的发展都不尽相同，因此历史不总是一个好的风向标。选取哪一个历史时期的数据，往回追溯多远，怎样减少旧数据的权重并增加新数据的权重，这些都是需要严肃思考的问题。这些都是需要主观分析的量化问题，它们超出了本文的研究范围。本文将重点研究应对另一个问题，这个问题受到的重视程度不够，但可能带来相当的风险。简单来说就是，如果使用前瞻性方式计算预期回报，并同时使用历史数据估算预期波动性和相关性，那么优化问题将变得更为棘手，低估风险的可能性将大大增加。

计算机领域一个常见的原则是"GIGO"，即"输入垃圾，产出垃圾（garbage in，garbage out）"。通过优化，进入系统的所谓"垃圾信息"在由预期相关性矩阵组成的高度联通化网络中反复反弹，此时人们可观察到"垃圾信息进入系统，并在另一端堆砌形成垃圾填埋场"的过程——实际上，均值方差优化使GIGO原则的效应得到指数级的放大。问题在于三类信息输入的不一致——预期收益、预期波动性和预期相关性。

---

① 同上。

　　举例来说，如果人们对特定证券有较为激进的预期回报假设，同时，使用了一组不太能够反映波动性的历史数据，那么这就是在使用均值方差优化理论自找麻烦。这一问题源自均值方差计算机系统的一个有趣特性——计算机系统会相信人们告诉它们的有关预期的信息。因此，如果人们提供的预期回报较为激进，并且预期波动性很小，均值方差优化将计算得出一个非常大的（特定证券的）最佳风险敞口。投资组合经理或风险官在查看均值方差优化输出数据后，将认为该数据不符合基本常识，他们要么会将数据可靠性打折扣，要么会给该数据加上一系列限制条件，以使其显得更加合理。

　　后一种做法，即向优化系统添加约束条件，以获得看似合理的输出结果的方式其实是非常糟糕的方法。实际上，不合理的数据输出是输入的预期回报和预期波动性不一致造成的。但是，业内常见的解决方案不是通过调整预期来从源头上修正输入信息，使其内部更加一致，而是错上加错添加约束条件，直到投资组合输出数据符合基本常识。

　　这就像是先将病人诊断为疯子，然后寄希望于给病人穿上约束紧身衣来矫正其行为。无论在精神病分析还是在金融最优化领域，更好的方法是直接解决产生问题的源头。

　　一种解决方式是使用期权定价的隐含波动性。然而，有效的期权市场很可能不存在，有些期权定价模型内置了未来回报是稳定的或持平的假设。另一个更简单的权宜之计是，将预期收益相关信息纳入预期波动性中。也就是说，首先计算预期波动性，然后根据预期收益的激进程度上调波动性预期。通过这种方式，均值方差优化计算出的预期回报也比较激进，但与此同时预期波动性也会增加，因此建议的最佳风险敞口将较前一种方式小得多，对投资组合经理或风险官而言，这些数据将更有参考意义。

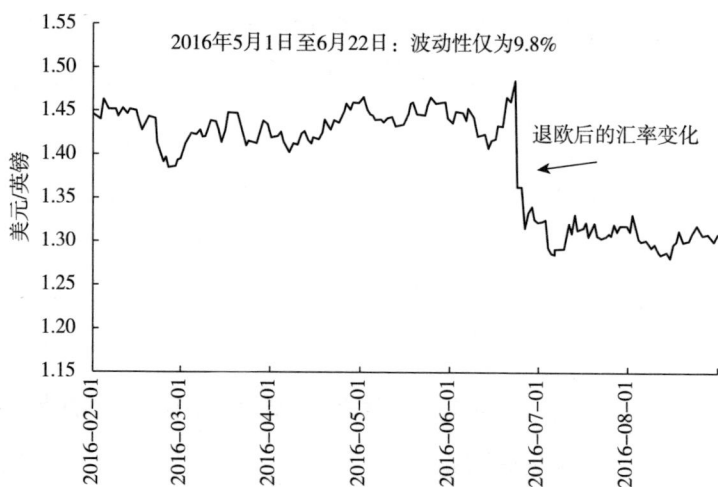

图11-1　英国退欧对美元—英镑汇率的影响

（资料来源：Bloomberg Professional）

以2016年6月的英国退出欧盟公投（见图11-1）为例。在6月23日公投之前，美元（USD）对英镑（GBP）的汇率在1.42左右。如果人们认为英国将要投"赞成离开"票，那么汇率将下降至1.32甚至更低。反过来，"反对离开"阵营的人则预计英镑将出现短暂反弹，汇率将上升至1.52甚至更高。

尽管市场参与者预期波动性将在日内朝着一个方向或另一个方向（根据公投结果不同）发生7%左右的偏离（即5个以上标准差事件，百万分之一概率），但公投前三周的历史波动性仅为年化9.8%（标准差）。如本例所示，实际公投结果和英镑预期走势的激进程度表明，风险系统或投资组合系统应该提高历史波动性，以正确反映风险。

标准差可能会低估波动性水平和潜在偏态水平。上文我们说明了，可以依据预期回报信息来适当增加预期波动性，不过，这也带来了另一个挑战。首先，标准差是否能够合理表示证券回报风险的大小？有趣的是，马科维茨教授早在20世纪50年代就选择使用标准差来表示风险，这是因为它的易用特性。标准差易于通过历史数据进行计算，并且标准差完全符合均值方差优化的数学原理。然而，这一选择也产生了其他副作用，标准差很容易导致在封闭式均值方差优化计算中嵌入预期收益呈正态分布或对数正态分布的假设。因此，本文主要关注以下两个挑战，即（1）通过历史数据计算得出的标准差可能低估未来波动性水平；以及（2）预期回报的概率分布很有可能是高度偏态的（即有可能出现厚尾事件或"黑天鹅"事件）。

有几种可用的临时解决方案。一种方式是，风险官可以前瞻性地看待潜在风险，并将其纳入对预期波动性的量化估计中。也就是说，当未来看似风险较大时，尽管市场当前较为平静，风险管理人员可能会提高对未来波动性水平的量化预期。我们强烈建议采用这种方式，因为众所周知的是，依赖历史数据进行计算不仅会低估风险，也会低估高度偏态市场事件发生的可能性和频率。

除此之外，我们也可以采用其他替代方式衡量波动性，比如观测价格在周期内的波动。如果我们假设收益呈正态分布，那么根据Garman和Klass[1]以及Parkinson[2]的研究，周期内高/低价差与不同周期的标准差之间存在确定的数学关系。如果这两个指标出现显著偏离，那么可以构建一个市场指标，纳入期间内所有交易活动的信息，反映出市场参与者预计的未来波动性水平比标准差方法的结果更大。

举个例子，英国退欧可以作为一个有意思的案例研究（见图11-2）。如前所述，在英国退欧公投之前的几周和几个月里，美元对英镑汇率每日百分比变化的标准差表明，风险水平仅为适度，这是市场"一切照旧"的典型特征。

---

[1] Garman，M.B.，M.J.Klass，1980年，"使用历史数据估算证券价格波动（On the estimation of security price volatilities from historical data）"，*The Journal of Business*，53（1）：67-78.

[2] Parkinson，M.，1980年，"使用极值法估算收益率方差（The extreme value method for estimating the variance of the rate of return）"，*The Journal of Business*，53（1）：61-65.

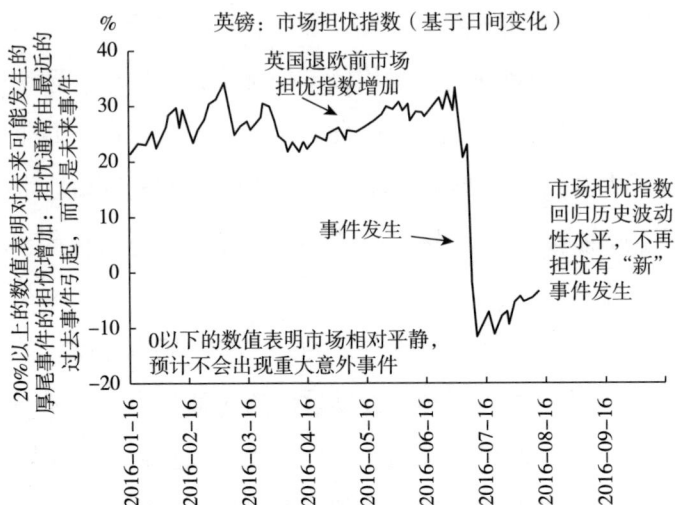

图11-2 市场担忧指数：英国退欧公投前/后

（资料来源：芝商所集团Economics Calculations）

相比之下，在公投前阶段，日内价格波动（以在芝加哥商品交易所集团Globex电子交易平台上交易的英镑期货合约价格记录的每日高点和低点来衡量）表明风险水平要高得多。此外，当调整后的日内高低价差①远超收盘价变化标准差所对应的波动性水平时，则表明市场参与者担心市场出现偏态或厚尾事件。

一旦公投发生，结果变为已知，使用上述两种方式计算的波动性差异也随之消失。从本质上讲，市场活动反映了这样一个事实，即事件已经发生，并且预计不会发生另一个类似事件。也就是说，尽管风暴很大，但一旦风暴过去，"担忧"指标就会回归中性。

相关性的不稳定性和预期回报呈非正态分布的可能性。市场参与者常常不得不应对事件风险。例如，A公司出价收购B公司。然而，即便该报价已被B公司接受，报价依然需要监管机构的批准。监管决定的结果无

---

① 对根据标准差和高低价差衡量出的波动性水平之间的差异进行了调整。

非是两种，要么宣布交易的终止，要么完成交易。在监管决定宣布前，A公司和B公司的股价将反映出交易终止或完成的概率，这意味着如果交易终止的可能性大于零，那么交易进行前的股票市价将不能完全反映所宣布的交易价格。在监管作出决定后，股价会立刻发生变化，其反映出交易将继续进行还是即将结束。政治事件风险的原理是类似的，正如英国退欧公投时出现的二元结果一样。事件风险造成预期回报呈双峰分布的可能性。[1] 具有两种模式的分布方式（其中一种模式往往数值较低且显著低于另一种）是主观概率分布，与正态分布有很大不同。但后者被嵌入在诸多风险评估和投资组合构建系统中。

在事件发生前，当二元结果的预期概率发生变化时，可能受事件影响的证券的市场价格也将发生变化，这意味着市场价格的传统驱动因素，以及由此观测到的相关性，可能会被与事件相关的主观概率驱动因素高度扭曲。这也就是说，在更典型的时期，这两个公司自身的盈利预期可能会影响A公司和B公司的股价。但一旦宣布收购，它们是否盈利就不那么重要了，有关监管将批准或驳回收购请求的消息和观点将占领关注热点。

可以理解的是，如果事件风险，尤其是与政治事件和政治决策相关的事件风险的发生频率明显增加，则投资组合构建和风险评估面临的挑战变得更加错综复杂。一个常用解决方案（也是我们认可的一个方案）是用各种反映人们担心的事件风险性质的场景进行压力测试。然而这种方式的关键在于，应该遵循Karagiannidis和Wilford的研究建议[2]，给这些场景设定主观概率。仅仅提出20个问题或者设计一些有趣的场景是非常

---

① Putnam，B.H.，2012年3月，"不和谐时代的波动预期（Volatility expectations in an era of dissonance）"，*Review of Futures Markets*，20（2）.

② Karagiannidis，I.和Wilford，D.S.，"基金和投资组合风险建模：使用双峰法分析动荡市场中的风险（Modeling fund and portfolio risk：a bi-modal approach to analyzing risk in turbulent markets）"，*Review of Financial Economics*，第25卷（2015年4月）：19-26.

容易的，但如果没有给这些场景设定主观概率，那么压力测试就是无意义或者无法操作的。同样地，我们认为风险官必须具有前瞻性、概率性眼光。

此外，一些市场参与者可能会使用期权策略来管理与即将发生的事件相关的风险。由于期权在价格中嵌入了对波动性的考虑，因此在这方面受到青睐。我们强烈支持使用期权作为管理事件风险的工具，但我们也注意到，当存在事件风险时，需要考虑一些额外因素。如果仅仅使用基于Black-Scholes理论的期权定价模型，那么，在发生事件风险时，或许期权的价格会与人们的预期有所不同。之所以提到这一点，是因为它凸显了本书的核心主题——即关注隐含假设。1973年Black-Scholes[①]和Merton[②]提出的期权定价模型都是较为原始和基本的形式，作出了许多大胆的假设，旨在简化计算过程，使人们能够通过复制构造期权的方式对期权进行估值。

事件风险的存在可能会推翻两个关键假设，而这两个假设都会对期权价格和期权价格中隐含的波动性预期产生重大影响。事件风险的存在增加了事件发生后价格瞬间暴涨和波动机制发生重大转变的可能性。也就是说，人们有时可以观察到，市场在等待事件发生时，比如一项重要经济数据的发布、并购监管决定的宣布、政治选举或公投等，表面上看似风平浪静。然而一旦结果变为已知，在没有干预交易的情况下，价格会跳跃至新的均衡水平，波动机制也会发生变化，反映出事件发生后的新情况。基本Black-Scholes理论假设不存在价格跳跃（即假设交易是连续的），并且不存在波动模式的变化（即假设同质性）。当这两个假设

---

① Black，F.和Scholes，M.，1973年5月至6月，"期权定价与公司负债（The pricing of options and corporate liabilities）"，*Journal of Political Economy*，81（3）：637-654.

② Merton，R.，1973年春，理性期权定价理论"（Theory of rational option pricing）"，*Bell Journal of Economics and Management Science*，4（1）：141-183.

被打破时，传统的德尔塔对冲策略将失效，基本期权模型会低估波动性水平。好消息是，还有许多可用的期权定价模型，尽管这些模型相当复杂，但它们可以应对上述挑战，例如Cox、Ross和Rubenstein研究的模型[①]。然而坏消息是，许多风险评估系统没有使用这些复杂的期权定价模型，而是嵌入了正态分布的假设，假定不存在价格跳跃和波动性改变，并且假设相关性结构是稳定的。不难想象这些系统会对"百年一遇"的洪水在短短十年间多次出现感到"惊掉了下巴"。

此外，与此前讨论相关的是，对于仅向前追溯历史的波动性计量系统而言，价格跳跃尤其令人感到困惑。价格跳跃会产生一天到两天的特殊期间，在此期间内标准差将达到极值；有时则会出现四到五个标准差的偏离，此后则将稳定形成一个新的、更加缓和的模式，有可能高于历史水平，也可能不会。从行为金融学的角度看，市场参与者的做法似乎是逐渐淡化这一事件的影响——也就是说，这一事件对未来波动性预期的影响开始减弱，这个过程有时会相当迅速（除非人们有充分理由认为同样的事件还会以相同方式再次发生）。任何基于历史数据的波动性计量系统都需要考虑是应该降低旧数据的价值，还是应赋予新旧数据相等的权重。例如，如果人们在固定时间周期（如三个月）进行回顾，那么当事件发生时，波动性计量曲线会向上出现一个峰值，然后当三个月的周期结束时，如果突变日价格不再被用于波动性回顾的计算时，那么波动性曲线会出现一个"无法解释的"反转。贝叶斯计算方法能够简便设置时间衰减参数，类似于指数滞后的（期权）时间衰减系统。我们强烈推荐采用这种方式。

我们重新考虑双峰分布及其挑战。英国脱欧是一个很好的例子，在

---

① Cox，J.C.，Ross，S.A.和Rubinstein，M.，1979年，"期权定价的一种简化方法（Option pricing：a simplified approach）"，*Journal of Financial Economics*，7（3）：229-263.

公投日之前可能会出现预期回报的双峰分布（见图11-3）。如前所述，投"脱欧"预计将削弱英镑，而投"留欧"预计将使英镑贬值压力得到缓解，从而反弹。市场参与者试图衡量一种结果相较于另一种结果的可能性。由于概率分布范围大致在抛硬币到60∶40之间，预期回报呈现出典型的双峰分布。毋庸置疑的是，一旦开始公投并且结果为人所知，新的回报分布预期几乎立刻坍缩，重新回到典型的单一模式概率分布。①

退欧公投前：美元/英镑

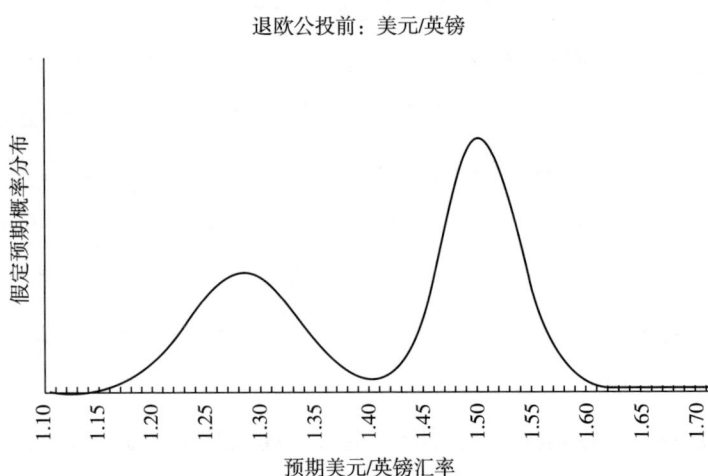

图11-3　英国退欧前的假定风险回报概率

此外，预期回报回归单一模式概率分布后，其对相关性的扰乱会持续数日。2016年6月24日和27日，也就是英国公投退欧后的周五和周一，英镑分别下跌了7%和2%，而股票等其他风险资产也出现了下跌，就连美国标普500指数也分别下跌了3%和1%，而大多数欧洲股票指数在6月24日的跌幅更大。然而，在随后的几周内，美国股市重攀新高，而英镑并未

---

① Putnan, B., McDannel, G., Ayikara, M., Peyyalamitta, L.S., 2018年2月，"描述政治事件风险期间交易成本的动态性质（Describing the dynamic nature of transactions costs during political event risk episodes）"，*High Frequency*，1（1）：6-20. DOI：https：//doi.org/10.1002/hf2.10018.

复苏，只是停止了下跌，交易价格在相对较窄的区间内波动。实际上，在受到影响的这段期间，英镑与股市指数的相关性一度非常好，但在公投结束后几周又回落至接近零的水平。如果投资组合构建或风险分析未能考虑到预期回报的双峰分布在事件发生后坍缩回单一模式分布的这种可能性，就可能低估潜在的波动性水平，不一定能够在结果公布时预测到价格缺口或价格跳跃，并且可能会忽略一些非常关键的价格相关性的变化。

金融优化的未来

两种持续发展的数据分析技术可能会极大地改善风险评估和投资组合构建，即使用量子计算机进行穷竭搜索，以及通过结构化机器学习来更好地进行模式识别。下面我们先讨论量子计算机的优化，尽管量子计算机从实验阶段发展到能够被用于实际操作，还需要5年左右的时间，但机器学习技术已经出现，并且已在传统的风险评估领域取得飞速发展。

量子计算蓬勃发展。量子计算机可以基于专门的目的进行制造，为此学术实验室正在进行大量试验。为了实现从理论到实践的应用，加拿大温哥华的D-Wave公司使用一种商用专用量子计算机，这种量子计算机能够利用量子退火技术（quantum annealing process）解决优化问题。另一家总部位于温哥华的公司1Qbit正在开发一种软件，使人们可以利用新型量子计算机，使用已知的最先进的量子计算技术解决问题，而不必成为量子计算专家，这家公司的软件开发工具包（SDK）能够快速系统地开发与普通和量子处理器相兼容的高级应用程序。此外，富士通、谷歌、微软和IBM等大型计算公司正在以各种方式进行量子计算实验，包括开发量子模拟器。

与经典计算机相比，量子计算机的工作方式截然不同，十分令人惊讶和着迷。经典计算机有0和1的字节，而量子计算机除此之外还有第二条信息的量子位，这条信息可以被直观地理解为信息是0或者1的概率。为了解决优化问题，量子计算机不像经典计算机那样进行加减乘除的运算；相反，部分类型的量子计算机芯片使用一种被称作量子退火的技术，根据量子位中的信息陈列方式来寻找最小能量状态。也就是说，量子位中的第二条信息能够产生量子效应，包括穿遂效应（tunneling effect），这在经典计算机上是无法实现的。穿遂效应是量子物理学的一个概念，即量子能够穿过一个在经典系统中不可能穿越的屏障。虽然解释量子计算远远超出了本文的研究范围，然而对于优化问题而言，量子效应的出现代表着技术向前迈出的巨大一步。

使用量子计算机解决优化问题给使用经典计算机解决传统意义上具有挑战性的问题带来了一丝曙光，量子计算机可以彻底搜索被称为"二次无约束二值优化"的问题，简称QUBO问题。在经典计算机上，类似QUBO这样的复杂优化问题可通过迭代解决，得到一个估计的近似答案，而量子计算机可通过穷竭搜索找到准确答案。在许多实际运用中，如果计算机使用者本身在如何搭建问题以及如何嵌入基本假设方面很有研究，那么经典计算机估算出的最优解也能够很好地解决问题，然而量子计算的优势在于，它能够让研究人员不必作出困难且经常容易出错的简化假设。在金融领域，棘手的优化问题出现在资产聚类、现金流建模、税收以及资产组合风险化解等方面。需要注意的是，理解回报的分布特征及其变化方式，对于构建稳健的、前瞻性的风险评估系统依然至关重要。量子计算将为风险分析和投资组合构建提供一些至关重要的新工具，但如果没有专家来掌舵，也不太可能得到好的答案。

机器学习时代已经到来。机器学习技术本质上是一个高度复杂、工艺先进的模式识别系统。（有关将机器学习应用于财务分析问题时面临的机遇和挑战的深入分析，请参见第10章。）机器学习的方法包括数据清理（协调）、基于已知数据构建模型（也称作"训练"阶段）、模型优化，并将模型应用于看不见的数据（通常称作"测试"阶段）。这些算法的美妙之处在于，它们不需要针对所有数据进行编程，它们在浏览新数据集的同时就在进行学习。机器学习算法大致分为以下两类：

- 监督学习（supervised learning）：监督学习算法的数据集已经附加了"标签"（结果/预测变量）。大多数分类问题和回归问题都属于监督学习。

- 无监督学习（unsupervised learning）：无监督学习算法针对数据的描述性质而非数据分类。数据在一段时间内表现出一定的特征和模式（对于时间序列数据而言），采用聚类和关联规则等技术有助于对这些数据进行识别。

人们可以开发非结构化或结构化的机器学习算法。非结构化系统本质上是"频率论（frequentist）"法，数据是不言自明的，无须专家提供建议。非结构化方法可能更受欢迎，因为它们易于使用，并且可以使用开源软件。非结构化机器学习非常适合进行描述性分析，然而当人们进入预测系统的世界时会发现，在反向测试中表现得极为优异的非结构化方法，很可能在实际应用时屡屡碰壁——这与金融优化的实践面临的挑战并无不同，历史数据并不总是一个好的风向标。

机器学习与"大数据"息息相关。最初，金融领域的大部分研究旨在识别新趋势，并利用以前无法获取的各种新信息来加强证券回报预测，因此有了"大数据"一词。数据正以惊人的速度增长，"大数据"通常表现为3个V——即数量大（volume）、种类多（variety）、速度快（velocity）。当然，随着时间流逝，还可能有其他的V出现，例如金额大（value）、准确性高（veracity）等。数据集可以有不同的来源（即种类多），可以是动态的（实时数据体现出速度快），能够使用不同的数据架构，并且可以为机器学习过程提供信息。Apache有很多开源项目，这些项目近年来越发受欢迎。基于内存的分布式计算平台Apache Spark在此处值得一提，Spark可用于扩展财务建模和优化问题，包括计算VaR以拟合模型、运行模拟、储存并分析云中的结果。[①]

结构化机器学习方法允许使用不同类型的专家信息来指导学习过程。专家建议和复杂的模式识别系统相结合，一同为预测金融变量创造便利——从预测回报，到预测波动性，再到预测相关性及其他。并且，机器学习不一定局限于时间序列数据，因此模式识别过程能在解读历史数据方面更具有创造性。

金融数据的识别模式确实伴随着一些特殊的挑战，其中最大的挑战之一在于数据的噪声过大。在经典的统计回归技术中，人们仅能通过找到相对较弱的拟合来观察噪声数据，以便对每日收益进行建模。有了机器学习技术，对噪声较大的数据进行处理时将更注重如何设置特定参数对数据进行过滤，以及如何向系统内加入专家建议。这对于产出前瞻性数据、提升数据实质性价值至关重要，但要做到这一点并非易事。

机器学习在量化金融领域取得的进步已在销售预测和营销技术中初露头角，然而这仅仅只是一场革命的开始。对于金融优化而言，结构化机器学习能够提供更强大的预测工具，对预期回报进行预测，并使用更多样的波动性度量进行风险评估，同时允许对结构化相关性模式进行有创意的评估。并行计算和分布式计算的时代已经到来，计算变得可扩展，在粒度级别进行预测亦成为可能。我们有理由相信，随着新分析工具在业内逐渐普遍渗透，并逐步改变人们对于投资组合构建和风险评估的陈旧思维，金融优化将在短短几年内发生颠覆性变化。

---

① Ryza，S.，"使用Apache Spark进行财务建模：VaR的计算（Financial Modeling with Apache Spark：Calculating Value at Risk）"，*InfoQ*，2015年7月12日发布，https：//www.infoq.com/presentations/spark-financial-modelling.

第12章
超越隐含波动率：估算稳健的风险回报概率分布

Blu Putnam[1]

编者按：2008年的金融危机已经过去了十年，这段记忆可能正在褪色，然而我们不应忘记许多风险管理系统出现的故障。在绝大多数情况下，对风险的衡量依然要考虑到出现异常概率分布的可能性，尤其是涉及两个显著不同的可信场景的情况，我们称之为事件风险（Event Risk）。风险系统关键的一点在于，要考虑比受期权市场隐含波动率驱动的典型钟形曲线（正态分布）更为极端的可能性。我们可以做得更好。

　　我们在研究金融市场时观察到，"百年一遇的洪灾"经常发生，可能每十年间就会发生数次，因此我们认为，简单的风险模型可能并不充分，而且会误导人们的判断。许多风险模型都是基于期权市场的风险读数——隐含波动率。隐含波动率是基于标准差的指标，当没有明确要求时，通常用户会做出钟形曲线的假设。风险经理或金融分析师从隐含波动率入手后，必须调增概率分布的尾部风险，以增加极端事件实际发生的几率，使其与历史经验更加一致。毕竟，极端事件可能造成的经济损失最大，因此我们必须将预期概率分布延展到简单的标准差分析框架之外，更为妥当地考虑可能性。

　　我们的研究方法和观点有所不同。我们认为起点很重要，从隐含波

---

① 免责声明：文中所举事例皆是对情况的假设性解读，旨在说明观点。这里表达的观点仅反映作者本人的观点，不一定反映其所在单位，即芝商所或其附属机构的观点。文中的信息不应被视为投资建议，亦不作为对实际市场情况的分析结论。

动率着手进行风险分析会带来一些隐性偏误，克服这些偏误尤为困难。

波动率不是风险

首先，波动率不是一个衡量风险的好指标。许多分析师喜欢使用波动率，因为历史标准差便于计算，并且非常适合用于风险系统与均值方差投资组合模型。但问题在于，投资者或进行投资的金融机构的风险偏好可能是不对称的，宁愿放弃巨额收益，也不愿产生实质性损失。也就是说，如果避免产生大的损失是主要任务，那么只考虑平均噪声水平，而不考虑极端情况的对称标准差分布模型显然是不合适的。

另一个挑战在于，隐含波动率通常由简单的期权价格模型计算得出，而这些模型的假设较为粗犷——其假设价格会随着交易的持续进行而上下波动，也就是说，这些模型假设永远不存在价格中断（阶梯价格）或价格缺口。如果市场参与者担心可能出现价格中断或价格缺口，期权价格将以更高的隐含波动率反映出这一风险。但隐含波动率反映的究竟是价格缺口风险，还是波动率水平的整体上移，这一点并不容易判断。而且，价格缺口风险与波动率机制变化风险不同。根据个人金融风险敞口的情况，其中的一种风险可能比另外一个更为重要。例如，对于那些管理期权组合的人而言，突然出现价格缺口的风险可能对Delta对冲策略造成相当大的影响，而波动机制的变化则代表了另一种风险，通常被称为"Vega"风险。人们需要建立对整个风险概率分布的全面认识，只有全面认识了风险，才能考虑到不同的风险场景，从而不迷信正态钟形曲线。

起点很重要

为了建立一个能够稳健捕捉极端情况的风险概率分布（不一定是钟

形的，甚至不一定是单一模式的），我们选择另辟蹊径，从非常不寻常的贝叶斯先验分布着手——在我们的示例中，双峰分布可能反映了二元或双场景风险，这种风险通常与事件风险相关联。然后，我们检查市场数据，看风险是否实际上呈现钟形分布。虽然隐含波动率是我们研究的市场指标之一，但当它作为风险分析的起点时，它不一定会是风险分析的主要影响因素。

换句话说，如果我们从一个极端和不常见的分布的先验出发，我们知道它可以存在，并且没有假设它消失。从标准差方法（如隐含波动率）出发，可能会无意中导致难以估计高风险的极值分布会何时出现。这一发现背后的数学原理由来已久，可以追溯至俄罗斯数学家帕夫努季·利沃维奇·切比雪夫（1821—1894）（见图12-1）。多数人从切比雪夫不等式中得出的结论是，只要知道标准差，就能非常清楚地知道大多数情况下的典型值会落在哪个范围内。但是，我们从不等式定理中得到的结论是，如果你只知道标准差，那么你对风险最大的极值分布一无所知。

图12-1 切比雪夫（摘自维基百科）

事件风险

我们研究的动机是观察金融市场，尤其是自2016年以来，我们发现了与选举相关的重大风险事件，包括2016年6月的英国退欧公投（见图12-2）、2016年11月的美国总统选举、2017年法国和英国选举、2018年10月的巴西选举、2018年11月的美国国会选举等。

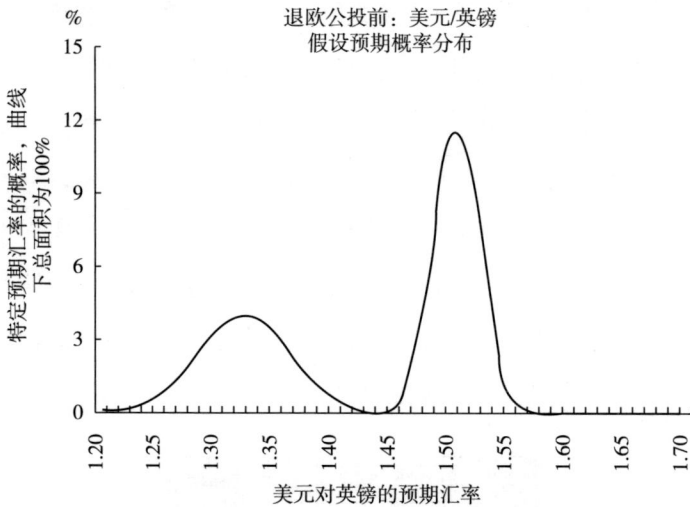

图12-2　英国退欧公投
（资料来源：芝商所经济）

这些不同的风险事件让我们开始研究市场如何应对两种截然不同的场景。当存在两种可能场景时，在事件发生前，市场会对概率加权结果或中间结果进行定价。因此在事件发生后，当结果为人所知时，市场立即从中间结果变为"胜利（winning）"的场景——价格中断出现了。例如，对英国退欧而言，"退出"的投票导致英镑（对美元）大幅下跌，而"留下"的投票可能会导致英镑几乎瞬间大幅上涨——无论如何，英镑不再会停留在中间位置。即使极其罕见，如果风险系统无法预测出现双峰概率分布的概率，那么价格中断风险和尾部风险可能会被大幅低估。

预期概率分布是不可观测的

从实操角度来看，将一个不常见的呈双峰形态的先验分布作为出发点需要一些创造性，可能会让一些风险管理人员感到厌烦。挑战在于，预期风险回报概率分布不能被直接观测到。我们可以通过观察市场行为（如价格、成交量、期货与期权价格比较、日间活动等）来估计预期风险回报概率分布的一些特征。

虽然我们的研究仍处于起步阶段，但我们发现了若干与概率分布形状相关的指标，这些指标尤其具有启发性。这三个指标分别是：（1）看跌期权交易量相对于看涨期权交易量的演变模式，（2）日间市场活动，特别是高/低利差，以及（3）期权价格的隐含波动率相对于历史波动率的比值。

研究看跌/看涨期权交易量的变化有助于我们了解市场的一方是否比另一方更有观点优势。例如，前美联储主席本·伯南克在2013年5月抛出其著名的"缩减恐慌"理论后，立即引发了一场关乎美联储是否以及何时将退出量化宽松（QE）并加息的辩论。国债卖出量和债券价格相对于买入量大幅飙升，表现出两种情形。每笔交易都有买方和卖方：一方（看跌期权的买家）认为国债价格会下跌（收益率上升），流动性很快就会上升，而另一方（看跌期权的卖家）认为退出量化宽松的过程还需要很长时间。

日内市场动态有助于我们以不同方式认识风险。观察到的日内交易价差有助于我们评估厚尾风险存在的可能性。从数学角度来看，Mark B. Garmin等人在20世纪70年代至80年代的研究表明，如果假设呈正态分布，就可以用一种简单的方法来估算日间收益率从高点到低点的标准差。换句话说，如果日内动态和日间标准差之间的关系出现显著变化，那么这就是风险概率分布并非呈正态分布的有力证据。

为了确定价格中断的风险，我们对隐含波动率相对于历史波动率的演变模式进行了跟踪。虽然隐含波动率通常会超出最近的历史标准差，但向较高水平隐含波动率的模式的转变可能意味着对价格暴跌中断的市场预期正在酝酿之中。而且，如果出现价格中断，情况会朝着一个或另一个方向发展，所以我们经常会看到隐含波动率迅速下降，这意味着市场重新回到了单一模式的钟形分布。

为了收集所有的风险信息并创建风险概率分布，我们使用一种独立于分布情形的混合概率技术——其不单单适用于某种特定形状的分布。大多数情况下，钟形曲线能够恰当描述概率分布，即均衡风险分布。然而，使用上述方法偶尔会得到一些特别高的分布（即高峰度和/或相对较低的波动性），我们将其归为"市场自满型"一类，这一类型值得进行特别研究，以查看市场是否低估了风险。我们有时也会观察到一些非常平缓的分布，类似于华尔街关于股市的名言"攀爬忧虑之墙（climbing a wall of worry）"，我们称之为"市场焦虑型"风险分布。最后，我们的指标还支持两种极为罕见的情形——事件风险、双峰分布。也就是说，我们将预期风险分布分为四种类型："市场自满型"风险瘦而高，"市场平衡型"风险呈典型的钟形，"市场焦虑型"风险是尾部非常厚的相对平坦的钟形，最后一种是双峰或事件风险分布——这一类型试图预测如果出现了两种非常不同的情形其中之一，后续会发生什么。

当涉及最极端的分布时，事件风险和双峰分布最大可能的来源是高度两极化的"选举"，候选结果之间相距很远，并且选票竞争异常激烈。我们将这些事件风险归为"已知日期，未知结果"一类。我们还能遇到一些"未知日期，未知结果"的风险情况，当美国引发的贸易战演变为针锋相对的关税报复事件时，这种风险就会显现出来。举例来说，这类事件风险在2018年已经对大豆造成了相当严重的打击。政策决策或石油输出国组织的石油生产决策属于"已知日期、未知结果"一类，但它们几乎总是与钟形概率分布相关联，因为政策制定者会特意提前发出决策电报，因此我们的指标不会捕捉到异常风险。

案例分析

为了对概率风险分布进行说明，我们研究两个美国股票的例子，其中一个涉及"市场自满型"分布，另一个涉及潜在事件风险。此外，我们还将考察大宗商品市场，尤其是玉米市场的事件风险分布。

2017年末，我们对美国标普500指数（芝商所E-迷你期货）的风险概率分布从"市场均衡型"转为"市场自满型"。美国股市的走高，很大程度得益于美国大规模、永久性的企业所得税的削减。在2017年12月，这项措施已经获得国会通过，并由总统签署成为法律。由于企业所得税的下调，市场参与者预计股票回购将增多，股息将上调。事实证明，这种自满情绪有些不合时宜。2018年初，美国向中国、欧盟、加拿大和墨西哥发起贸易战，导致市场大幅抛售，波动性暂时上升，此后随着波动性逐渐减弱，市场再次恢复平静（见图12-3）。

2016年10月下旬，我们认为美国标普500指数的概率风险分布转变为事件风险状态，呈现双峰概率分布。原因是即将到来的美国大选，这场选举正变得日益两极化，两位候选人在许多问题上有着截然不同的观点，包括股票市场参与者主要感兴趣的几个问题，比如是否会减税或增税，或者自由贸易协议会被破坏或是接受。一旦选举结果被公之于众，概率风险分布在一周内便迅速转变为"市场焦虑型"，然后转回"市场平衡型"风险状态。

E–迷你标普500期货结算价格走势

图12-3 标普500指数期货

（资料来源：芝商所市场数据，芝商所DataMine，日终数据）

美国股票的这两种截然相反的概率风险分布表明，该方法有能力识别：（1）事件风险分布，即2016年11月美国总统和国会选举出现两极化结果的情况，（2）市场明显缺乏恐惧情绪的"市场自满型"的分布，即在美国削减企业所得税法案通过后的情况。在这些更为极端的概率分布中，没有任何一个持续了很长时间。2017年12月和2018年1月，对贸易战的担忧压过了自满情绪。考虑到美国大选带来的事件风险，选举结果化解了有关哪种情况下谁将是赢家的争论，双峰分布也迅速变为单一模型分布。

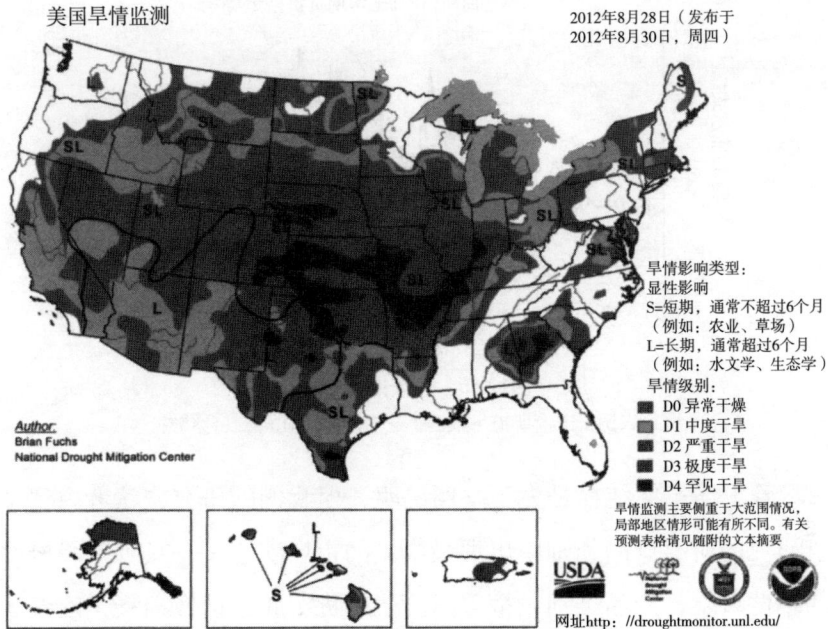

图12-4　2012年8月旱情监测

　　2012年底至2013年上半年，玉米市场的概率风险分布发生了非常有趣的变化。2012年夏，美国大片玉米种植带遭遇严重旱情。2012年下半年，收获季节过后，市场参与者的注意力转向了2013年的收成，对此市场存在较大分歧。在干旱年份过后，应种植多大面积？2013年是否会出现另一场干旱？尽管这并不涉及事件风险的政治方面，但玉米市场参与者对干旱感到担忧，2013年2月，市场出现了两个观点阵营。一方认为2013年的作物收成将比受到干旱影响的2012年好得多，另一方则担心2013年将再次出现歉收。我们的概率风险分布在2012年末已经处于"市场焦虑型"状态，在2013年2月变为"事件风险"，2013年春大部分时间又回到"市场焦虑型"状态，并在2013年夏回到最常见的"市场均衡风险"状态。

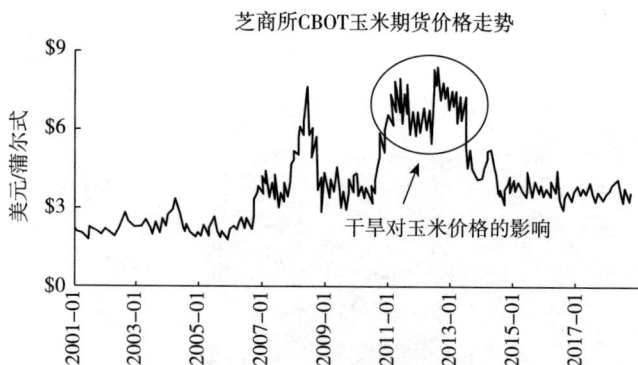

芝商所CBOT玉米期货价格走势

图12-5 玉米期货价格

（资料来源：芝商所市场数据，芝商所DataMine，日终数据）

　　尽管上述案例纯粹是为了举例说明，但我们的研究方法考虑到了迄今所研究的所有产品类别中出现最罕见的市场状态——具有双峰概率分布的事件风险，产品类别包括美国国债期货、股票指数期货、欧元（对美元）汇率、黄金、石油和玉米。此外，我们认为风险状态的监控非常重要，尤其是当风险状态从一个类别转变为另一个类别时。最常见的"市场均衡型"风险出现概率在三分之二到四分之三之间（取决于产品类型），我们不期待"市场均衡型"风险提供任何关键信息，这些信息无法仅通过期权市场隐含波动性观察到。然而，我们能够确信的是，当概率风险分布变为一种非典型状态——"市场自满型"或"市场事件风险"时，风险经理应该保持高度警惕。

　　需要强调的是，尽管我们的命名对风险分布进行了描述，但它们可能无法描述实际发生的情况。"市场自满型"状态很可能会在某些新的意外风险因素占据领先地位时引发波动。"市场焦虑型"状态可能夸大恐惧，就像股票分析师说的"市场正在攀爬忧虑之墙"那样。"事件风险"状态不会持续很长时间，因为当事件发生并且结果变为已知，或者当市场参与者更加确信带有适度怀疑的单一场景比两个场景更合适时，事件风险倾向于被解读为单一场景的单一风险分布。

第13章
模拟失败

Blu Putnam[①]

编者按：这份报告的初版于1991年3月在《全球投资者杂志》上发表，随后被更新，并被纳入Blu Putnam的著作《将风险管理纳入资产配置》（全球投资者出版社，伦敦，2000年）一书。虽然这些例子已经过时，但其中的关键要点仍具有现实意义。本质上，在开发用于投资管理的量化算法时，开发者可能会倾向于使用在过去看上去很不错但在未来可能表现不佳的模拟分析。这项研究通过对历史数据的测试，解释了在避免未来出现重大财务损失时应该采取的行动。

　　许多基金经理提供基于量化模型的投资项目或投资组合管理服务。模型驱动的投资策略提供了一种自律投资方法，可以在风险增加最小（或者不增加风险）的情况下提高收益。量化投资策略得到了大量背景研究的支持，这些理论加持额外增加了投资者信心。但是，评估这些量化策略的实际业绩记录的可靠证据并非总是可用，特别是考虑到投资业绩数据库中存在严重的幸存者偏差。

　　基金经理通常希望出售新研发的量化策略，这些策略的模拟结果通常不错，在五年或更长时间内取得了异常高的年回报率，只有少数几个月份亏损，且没有亏损年份。然而，使用量化策略的基金经理的叙述性证据表明，极高的年回报率（低波动性）的承诺很少兑现。尽管有一些

令人印象深刻的成功案例，但很多时候回报率往往低于平均水平，甚至表现极差，没有达到模拟中波动性降低的效果①。也就是说，如果这些量化模型能吸引到足够多的资产，并且能够持续运行一段时间，那么就会出现很多个亏损月份，还会出现亏损年份。

许多量化策略的模拟性能和实际性能之间的差距，或许并不是因为模拟分析无法获得潜在的未来绩效的有用信息，人们应该注意模拟投资策略所显示的风险回报特征。然而，如果想要避免量化策略仅仅停留在纸上谈兵的层面，就需要记住一些重要的分析规则。

量化基金经理可以通过多种方式优化模拟结果，而不改善模型的最终实际表现。部分优化是出自设计者的思考，初衷是为了带来更好的实际性能。而另外一些优化，则可能是美化目的，这些计划旨在改善销售前景，但可能会无意中导致更差的实际业绩。

样本内结果与样本外结果

量化基金经理们已经艰难地认识到，他们无法采用学术经济学家使用的标准统计程序。许多学术经济学家使用样本内统计技术在特定时间段内检验他们的理论。通过样本内统计假设检验，在整个期间内进行典型回归分析，因此有关期间开始与期间结束的准确信息是同时已知的，这会带来统计上的高度置信水平。

然而现实世界的投资并非如此。投资策略是在未来不确定的前提下制定的。"提前一步预测"等非抽样技术为复制现实世界决策提供了一种途径，例如，在"提前一步预测"方法中，使用过去某个时期的数据（如5

---

① Heaton，J.B.，"量化投资与金融数据（深度）学习的局限性"，*Journal of Financial Transformation*，*The Capco Institute*，2018年4月，第47卷。

年、每日、每周数据）来估算模型，然后模型对样本期之后的下一天或下一周数据进行预测，这个过程在所有可用数据中重复多次。在此过程中，量化模型会获得上一期间的新数据，并预测下一个期间的数据。

通过标准的统计测试来衡量，"提前一步预测"远不如抽样调查的预测精确，这意味着模拟虽然看起来不会那么好，但它们会更符合真实世界的情况。样本外统计技术是一种尝试，旨在确保模型不会基于未来的信息（其在进行预测时是未知的）。一般规则是，样本外研究技术比样本内技术更有可能提供可靠的现实投资业绩预测，这一点现在众所周知，因此现在鲜有量化基金经理试图通过样本内模拟来销售他们的投资产品。

避免假性相关

样本内和样本外统计研究过程中都容易出现假性相关。也就是说，一个解释变量似乎在调查期间表现良好，从而产生看似赚钱的预测，然后某个时候，当该策略从测试阶段进入实际测试阶段时，关键的解释变量失去预测功能，量化投资组合管理策略就会失灵，这个过程有时会以惊人的速度出现。

上述情况可能发生在基本面变量或数据衍生变量上，也可能发生在更复杂的模型上。此外，也没有哪种方法可以消除量化模型中虚假的或不符合投资实际的解释变量。然而，研究人员和潜在投资者都应该直陈利害，或许能让经理人避免假性相关可能带来的重大灾难。

亚利桑那州效应是假性相关的一个很好的例证。美国各地都有许多人搬到亚利桑那州，以应对各种呼吸问题。由于气候干燥，亚利桑那州的空气中缺乏某些植物的花粉，这一点吸引了他们。因此从统计学角度来看，居住在亚利桑那州与呼吸困难患者的发病率呈高度正相关。也就是说，假设地理位置可以很好地预测一个人是否会患上严重的呼吸系统疾病，然后用这一统计证据来支持这一假设。

显然，亚利桑那州是解决方案，而不是问题本身抑或呼吸障碍产生的原因。但统计测试无法辨别因果关系，尽管部分在进行这样的尝试。假性相关最常见的问题在于，无法解释一个变量为何与特定金融市场存在因果和解释关系。当计算机在数据挖掘、选择解释变量方面有相当大的自主决定权时，这种问题最常发生。计算机将遵循指令并选择使给定的一组统计标准最优化的变量，这个变量通常能使数据得到最佳拟合。

在这之后，研究人员需要查看计算机对解释变量的选择，看看它们是否可以用合理的金融市场理论来解释。许多定量研究人员既不了解完成这项任务的背景，也没有看到完成这项任务的必要性。然而，如果研究人员不能理解为什么一个特定的解释变量应该被包含在模型中，那么他也不会知道何时需要将其从模型中排除——直到一切为时已晚。

此外，量化投资经理往往只向潜在投资者展示最好的一面。在模型构建者运行的数千个模拟中，发布的营销材料中只包含少数几个模拟，而这些被挑选出来的自然是最好的。将最好的模拟用于现实投资管理或市场营销确实存在危险，正如马科维茨教授所观察到的，问题在于，基于纯粹统计标准的"最佳"模拟也可能是运气最好的模拟。[1]人们需要从整体以及从统计上评估模拟结果，根据专家的实践经验来判断应将哪个模拟投入实际生产。

如果计算机选择一个解释变量，仅仅是因为这个变量在某个特定的样本期内表现良好，而缺乏任何明显的原因，那么未来的投资结果就可能注定要失败。如果研究人员已经运行了一千次模拟，那么找到这样幸

---

[1] 对于外行的解释，请参见：Markowitz, Harry; Putnam, Bluford; Xu, Gan Lin. '缩减研究预期'一文，发表于《将风险管理纳入资产分配》，全球投资者，2000年，第165-173页，（转载自《全球投资者》杂志，1996年9月）。要了解如何用数学方法处理模拟问题，即判断涉及多少运气，请参阅Markowitz, Harry和Xu, Gan Lin，《投资组合管理杂志》，1994年秋季版，第60-69页。

运的变量和模拟并不难。关键是要剔除那些表现太好，且市场专业人士无法理解的模型。一般的规则是，不要基于侥幸的猜测进行投资，而要理解为什么模型应当包含这些解释变量。

与假性相关非常类似的情况是，当估计期结束后，相关金融和经济关系发生了结构性变化。在这种情况下，对研究人员而言，更重要的是理解某个特定变量具有解释能力的原因，这样当上述原因发生变化或逆转时，研究人员就可以在模型严重损害现有的投资组合之前，对其进行调整或将其弃用。结构性转变非常重要，但大多数定量研究人员对这一点知之甚少，此处我们举个例子来强调这个问题的严重性。

假设现在是20世纪80年代初，预测通胀被视为预测债券收益率未来走向的关键。一位货币主义经济学家被要求搭建一个预测通货膨胀的模型，此后该模型将被用于预测债券市场价格走势。首先，经济学家假设货币供应量的增长与未来通胀之间存在特定的关系，选择一个测试期（在本例中为20世纪70年代），然后进行统计回归分析。

如果基于一组标准测试，上述关系在统计上具有显著性，那么传统的学术型经济学家会断言，货币增长是通货膨胀的一个相对较好的预测因素，而隐含的意思就是，这种关系可能在未来保持不变。

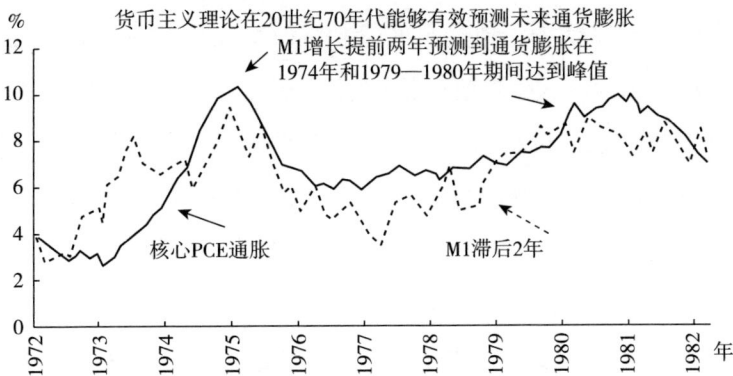

图13-1　货币主义理论在20世纪70年代的有效性
（资料来源：美联储圣路易斯分行数据库）

实际上，在20世纪70年代，美国M1（流通现金加支票存款）货币供应量的增长就能很好地预测未来两年的通胀。因此，如果人们认为这种关系在70年代成立，那么人们可能会认为它也会在80年代成立。不幸的是，这种关系在20世纪80年代不复存在，货币主义模型在20世纪80年代上半叶高估了未来的通胀，预测债券价格将下跌而不是上涨。问题是世界变了，20世纪80年代上半叶是金融管制大幅放松的时期，因此，美国货币供应增长与通胀之间的传统关系也被永久性地改变了。

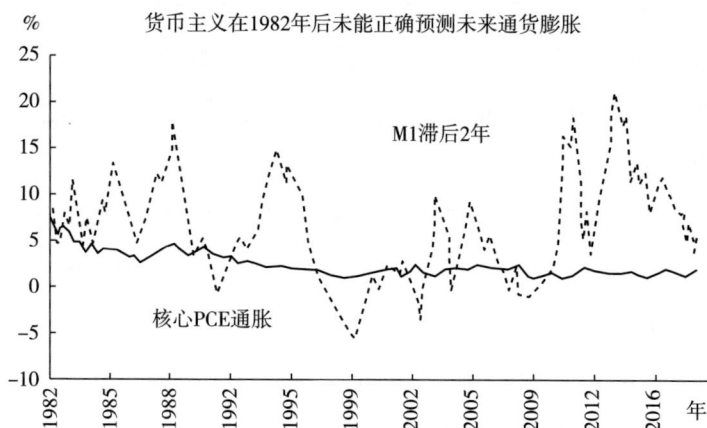

图13-2　货币主义理论在20世纪80年代往后失效
（资料来源：美联储圣路易斯分行数据库）

许多经济学家认为，放松金融管制将改变人们对货币总量M1和M2（M1 +储蓄存款、小额定期存款和货币市场共同基金）的看法。一些银行支票账户现在支付利息。如今，大多数形式的储蓄都按市场利率支付，而不是像以前那样按较低的管制利率支付。消费者储蓄账户（M2）和支票账户（M1）中的余额变多了，这些额外的资金往往是为了储蓄，表示消费者不打算花的钱，至少不打算马上花掉。

货币供应增长与支出，以及最终与通胀之间的紧密关系，曾经存在于20世纪70年代，但在20世纪80年代破裂。人们也是花了很久时间，才

真正理解了为何20世纪80年代债券价格出现急剧上涨。［有关货币供应和通胀预测的深入讨论，请参见第1章。］

量化管理者如果能理解为什么模型中包含某些解释变量，以及这些变量为什么起作用，那么他相较于那些仅仅依靠一些计算机软件包来挑选解释变量的管理者就有着巨大优势。具备市场知识的量化经理有时会知道结构性变化（如政策变化或银行法规变化）何时会导致解释变量失去预测能力，这些善于把握市场的基金经理随后就可以采取措施，避免这种结构性变化对其活跃的投资组合造成真正意义上的损害。

总的原则是：我们应该避免使用不关注潜在市场结构变化的量化工程师建立的模型。

趋势可能不友好

在市场趋势分析中，计算机模型会捕捉到大量虚假的对应关系，而这些对应关系将无助于预测未来。例如，在1982年年中到1987年年中这段期间，股票市场呈上升趋势，许多变量都模仿了这一趋势，因此都表现出与股票市场价格的高度相关性。市盈率似乎也能很好地预测股票价格，即使是根据历史盈利数据计算得出的市盈率也是如此。

然而，在1987年10月全球股票市场崩盘之后，以及在1990年至1992年经济放缓期以及在此之后，许多股票预测模型表现不佳，特别是那些依赖于历史市盈率的模型。这种情况反映出的问题是，在拐点附近，市场对未来收益预测特别敏感，可能很少关注历史收益。

同样地，IBM股价的暴跌与英特尔股价的暴涨同时发生。从过去几年的收益来看，定量模型做出关于抛出IBM、买入英特尔的时点都晚了。经受住了这一财富变化考验的模型结构更为复杂，具有前瞻性并且包含结构调整变量——例如衡量个人计算机（英特尔）相对于大型机市场

（IBM）的市场增长的变量。

不幸的是，更具前瞻性的变量类型往往难以量化，或在以趋势为主的模拟期间似乎预测得不那么好，这类变量的解释力正在下降。许多研究人员将这些变量排除在模型之外，因为它们可能会影响市场趋势的模拟性能，尽管当趋势发生变化时，它们可以为投资者节省一大笔资金。

研究者和投资者必须清楚地认识到，在当前的模拟和开发模型中，时间段的选择将影响变量的选择。在市场趋势主导下的时间段，其量化策略产出效果通常不太好。实际上，基于这些时间段的策略系统往往是一些趋势跟踪系统，一旦趋势反转或市场趋势不存在（但仍然波动较大），这些系统就无法有效预测。投资者必须坚持量化模型的模拟应当持续足够长的一段时间，以便趋势能够完全成型并发生逆转。

五年时间往往就足够了，但通常情况下，尤其是在货币方面，趋势很容易持续许多年，然后发生戏剧性逆转。因此，货币模型需要更长的测试周期。一般规律是：测试时长包含的周期越多越好，这与周期完成运行所需的时间长短无关。

注意那些同时确定的变量。经济理论支持的相关性通常出现在两个金融市场变量之间，并给人一种其中一个变量"导致"了另一个变量的印象。长期利率与汇率之间的关系就是如此，这些变量都受通货膨胀的影响。20世纪70年代末美国通胀上升时，美元疲软，债券收益率上升。然而在20世纪80年代，美元和债券收益率之间的这种负相关性显著减弱，并且经常逆转。

20世纪80年代初，当美联储将短期利率推高至创纪录高位以对抗通胀时，美元出现了逆转并大幅飙升，直到1985年2月达到峰值。债券收益率继续以不同模式上升和下降，直到1984年达到14%的峰值。事实上，1977年至1979年间的债券收益率与汇率的相关性在1980年至1984年间减弱，随后在1985年至1988年间逆转，因为主导这两个变量的是货币政策，而不是通胀趋势，两者的主导方式截然不同。

紧缩的货币政策支撑了美元，但导致债券融资成本上升。直到20世纪80年代中期市场确信通胀已经被抑制，债券收益率才开始稳步下降。然而，当时美元正在下跌。显然，基于20世纪70年代债券收益率与美元相关性的模型在20世纪80年代遭到了打脸。

问题在于，债券收益率和美元都受到一组类似变量的影响，但影响方式并不总是相同的。通货膨胀提高了债券收益率，损害了美元。抵御通胀的央行会推动本币升值，但仍可能在紧缩政策的头几年推高债券收益率。当政策处于被动状态时，通胀规则和一种相关性就能很好地发挥作用。当政策为主动型时，另一种相关性占主导地位。规则在于，使用解释变量的模型要非常小心，解释变量本身是由更基本的因素决定的。在货币或财政政策改变方向的时期，出现信号反转的可能性非常之高。

诚然，随着全球市场联系变得更加紧密，信息技术开辟了新的领域，量化策略作为投资工具的重要性与日俱增。模型驱动的投资策略提供的方法，似乎具备了有利的风险回报特征。

不幸的是，纸面上的承诺往往会变成现实生活中的灾难，因为无论是基金经理还是投资者，都无法真正理解光鲜的业绩模拟背后的信息。最终的规则是：要避免模拟失败，投资者必须了解投资模拟的内在缺陷。

不要仅仅因为量化策略没有实际应用记录就回避它们，而是要彻底调查模拟结果，确保模型构建者了解量化技术和金融市场，并将这两个来源的信息整合到他们的投资方法中去。

第14章
量化宽松：评估量化宽松的影响

Blu Putnam[①]

编者按：本章最初发表于《金融经济学评论》2013年第22卷。毫无疑问，许多博士论文的主题都是评估美联储在2008年9月金融危机之后推出的非传统资产购买计划，也就是量化宽松（QE）。这篇文章讨论了许多需要考虑的关键因素，这些因素将使分析QE绩效变得非常具有难度。

2008年金融危机过后，美国、英国、欧洲和日本的央行开始尝试主动利用其资产负债表来稳定金融市场，促进经济恢复，这些活动被称为量化宽松或QE。本研究主要关注美联储（Fed）的资产负债表活动，并将2008年末的第一轮量化宽松（QE1）、随后几轮购买美国国债或抵押贷款支持证券（QE2 & QE3）、采用展期计划（即扭曲操作，Operation Twist）的资产负债表活动区分开来。本文中我们还考虑了欧洲中央银行（欧洲央行）的活动。（有关美联储QE计划有效性与欧洲央行所用方法的深入比较，请参见第15章。）

我们的首要任务是提出一套通用的理论思路，以指导对量化宽松政策的评估，并确定量化宽松在实现经济和金融市场目标方面的所需条件。我们认识到其中一些想法可能存在争议。然而具有相当大价值的是，需要明确认识旨在评估量化宽松影响的模型中所隐含的假设。通过

[①] 免责声明：文中所举事例皆是对情况的假设性解读，旨在说明观点。这里表达的观点仅反映作者本人的观点，不一定反映其所在单位，即芝商所或其附属机构的观点。文中的信息不应被视为投资建议，亦不作为对实际市场情况的分析结论。

明确关键假设，我们可以更好地理解为什么不同的量化模型会对QE和央行的资产负债表扩张有如此不同的看法，此外还可以更好地理解它们作为指导政策决策或市场参与者行动的工具时所具有的稳健性。最后，我们将理论想法与实际发生的量化宽松联系起来，就何时最适合利用QE得出一些初步结论，此外还将评估未来的QE政策是否有可能实现其目标。为增强本文论点的流畅性、增加这项研究作为量化宽松评估路线图的价值，学术文献中的相关研究将在讨论的适当位置引用，而不是在单独的文献综述部分中引用。

我们提出了以下建议：

- QE是各国央行应对面临系统性偿付能力和流动性挑战失败的银行体系时非常有效的工具。

- 央行购买遭受重创或失灵的银行系统持有的高风险或面临较大压力的证券，可能比其他形式的QE（如直接向银行系统贷款）更能有效鼓励经济快速恢复。

- 以购买长期到期的政府债券为形式的量化宽松，可以在降低长期利率方面产生较好效果。

- 一旦银行体系进行资本重组并恢复盈利，QE对经济活动和创造就业机会几乎不产生积极影响。

- 在失业率上升的情况下仍恢复正增长的经济体，如果冒然使用QE，则有可能在实现央行目标方面产生相反效果，因为在非紧急情况下使用QE意味着从央行向市场参与者发出了关于经济悲观主义的强有力信号。

- 中央银行退出QE策略实施起来可能极具挑战性，并且有可能（如果不是确定的话）延缓货币政策恢复正常的进程，从而损害长期经济增长、货币价值和潜在的未来通胀。

量化宽松和银行系统失灵的案例

事实上，所有经济活动和市场行为的均衡模型都始于这样一个假设（无论这些模型是否明确认识到这一隐含的假设），即货币是可互换的，国内货币和信贷市场（通常被称为银行系统）运行正常，我们所说的正常运行是指银行愿意相互支付和收取款项，并在基本匿名的基础上相互发放和接受短期贷款，这一要求对于支付系统的正常运作和商业运转至关重要。

2008年9月的金融危机是由雷曼兄弟破产和对美国国际集团的无序救助引发的。银行家们非常害怕承担彼此的信用风险，哪怕是隔夜信用风险。银行间市场几乎冻结，银行间贷款利差相对于类似期限的美国国债大幅上升。也就是说，TED利差（即伦敦银行同业拆借利率减去美国国债利率）的急剧扩大反映了银行系统的崩盘。在次贷危机开始前和2008年金融危机之前，在2002年至2006年期间，三个月美元计价存款（LIBOR）和三个月美国国债利率之间的利差平均低于30个基点。2008年9月，随着雷曼兄弟的破产，TED利差急剧扩大，随着金融危机开始，利差一度超过400个基点（见图14-1）。

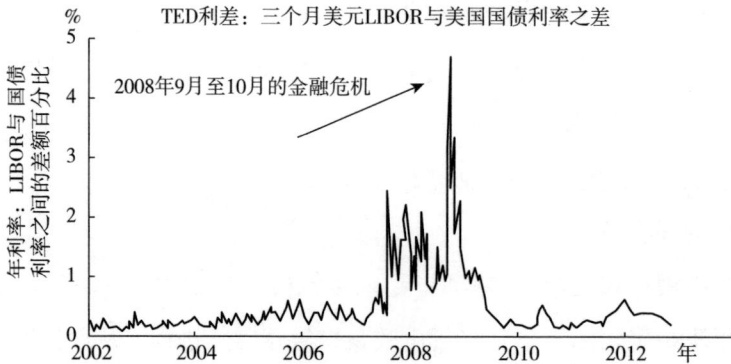

图14-1　TED利差

（资料来源：彭博专业版）

正如Reinhart和Rogoff（2009）[1]所指出，金融危机引发的衰退与不涉及银行系统崩溃的周期性衰退有着本质上的不同。与银行系统崩溃相关的衰退，其特征是资产价值急剧下降，银行的偿付能力受到质疑，并导致消费者、企业和地方政府大规模去杠杆化。消费者寻求减少负债，以更好地匹配其资产的较低价值。企业寻求迅速削减成本，包括裁员，以便让未来产量更好地匹配可能出现的较低需求。地方政府面临着税收和费用收入的大幅下降，因此它们希望通过减少服务、裁员以及避免需要额外发债的新项目来削减成本。

在金融危机中，由于之前过度扩张业务，银行体系面临流动性和/或偿付能力的挑战。面对即将崩溃的银行体系，各国央行可以利用其资产负债表向银行提供贷款，以缓解其流动性问题，或者从银行购买证券，这可能使得银行资产的削减更为平缓。

我们注意到，从历史上看，美联储体系是在一系列金融恐慌（其中1907年的那次尤为严重）之后于1913年建立的。美联储被特别赋予了广泛的权力，可以利用自己的资产负债表，充当最后贷款人，防止金融恐慌演变为严重的衰退或萧条。实际上，所有控制本国货币的央行都拥有类似的权力，尽管它们在通胀、货币稳定或经济增长和创造就业方面被赋予了不同的长期经济目标。此外，欧元区各国央行由于不能再控制本国货币，只能向本国银行系统放贷——在2009年至2012年期间，欧洲央行的放贷规模相当大。

在经济建模方面，这里有几点需要考虑。Reinhart和Rogoff（2009）[2]的论点可以解释为制度的转变，这取决于银行系统是正常运作还是失灵。银行系统失灵的经济体很可能在危机期间及其后立即经历

---

① 《这次不一样：800年金融荒唐史》，新泽西：普林斯顿大学出版社。
② 同上。

各部门的大幅去杠杆化过程。在去杠杆化期间，利率基本上与消费者、企业和地方政府（即没有印钞机的政府）的决策过程无关。也就是说，消费者需要减少负债，企业需要削减成本和裁员，地方政府需要削减服务，这些因素大大强于从接近零的短期利率到均衡宏观经济模型所隐含的任何潜在刺激效应。消费者的消费决定、企业投资新工厂和新设备或雇佣新工人的决定、地方政府扩大服务的决定都不再对利率敏感。回归市场均衡状态的道路取决于银行体系的复苏和资本重组，以及消费者、企业和地方政府去杠杆化所需的时间。

在第一轮量宽期间，美联储近期的资产负债表扩张主要集中在2008年9月17日之后的很短一段时间内，超过1.3万亿美元的问题证券购买、贷款和其他信贷融资大都在几周内就完成了，而且都在2008年底之前。实际上，在金融危机最初爆发的紧急时期，美联储在金融系统中四处堵漏，从美国国际集团到货币市场基金，从商业票据市场到银行表内问题资产。请注意，第一轮量化宽松并不涉及购买美国国债。随后的计划进行得相对平静，只专注于美国国债，如第二轮量宽关注展期计划，以及第三轮量宽更多关注抵押贷款支持证券，与此同时，第一轮量宽期间的不良资产和特殊融资的紧急购买头寸被清理（见表14-1）。

表14-1　向美国银行体系提供储备金的因素

影响准备金余额的联邦储备因素（百万美元）			
	最后一周内日均值（百万美元）		
	2008-09-17	2008-12-31	2010-12-29	2012-10-31
美国国债	$479 818	$475 961	$1 010 285	$1 650 297
住房抵押贷款支持证券及政府机构债券	$0	$20 266	$1 148 892	$933 915
回购协议、定期标售便利，以及其他贷款	$322 469	$717 989	$45 112	$1 317
特殊借贷信用	$29 333	$407 433	$92 945	$2 500
所有其他来源信用	$151 721	$676 976	$170 310	$283 572
美联储供应储备金总额	$983 341	$2 298 625	$2 467 544	$2 871 601

资料来源：美联储统计数据H.4.1-表格1-影响存款机构储备金余额的因素。

有趣的是，在分析银行体系复苏时，美联储在美国，以及欧洲央行在欧洲实施的不同形式的QE政策，似乎产生了不同的影响。美联储从银行系统购买资产，做了两件事，一方面提供流动性，另一方面允许银行在不将资产抛售的情况下剥离资产。进而，剥离资产减少了银行筹集新资本的需求，因此规模变小的银行资产负债表所需的新资本量可以以合理的速度进行管理。进而，美国金融业相对较快地恢复盈利，如图14-2所示。

相比之下，最初随着2008年金融危机的发展，以及2010年和2011年欧洲主权债务危机进入第一阶段，欧洲央行侧重于长期流动性工具（尽管也有一些资产购买）。欧洲央行的贷款缓解了迫在眉睫的流动性问题，但无助于帮助银行剥离资产和筹集资金，因此偿付能力方面的挑战依然存在。其结果是，欧洲银行体系在调整资本比率和恢复到合理的盈利水平方面远远落后于美国银行体系。此外，使用银行贷款而非资产购买给银行带来持续压力，迫使它们出售资产以降低自身资产负债表规模，从而达到规定的资本比率。

银行出售资产，包括出售主权债务，往往会给价格带来下行压力（给收益率带来上行压力），因此，与欧洲央行从危机第一天起就积极直接从银行购买主权债务的理想情况相比，政府解决主权债务危机的财政手段更为复杂、更具挑战性，而更加旷日持久（参见第15章）。

我们对银行系统失灵情况下的量化宽松政策的结论是，第一，QE是极其有效的一剂猛药，第二，资产购买可能比直接向银行系统贷款更有效。虽然我们确信，学术经济学家和政策制定者们将试图用一个数字来对所挽救的工作岗位数量进行统计，但这并非易事。我们认为，美联储从2008年9月到2008年12月的资产负债表扩张，即所谓的"第一轮量宽"，稳定了一个濒临崩溃失灵的美国银行体系，防止了经济螺旋式下降，避开了严重的大萧条。美国经济仍需经历多年的去杠杆阶段，但至少银行体系恢复正常运转的速度相对较快（见图14-2）。

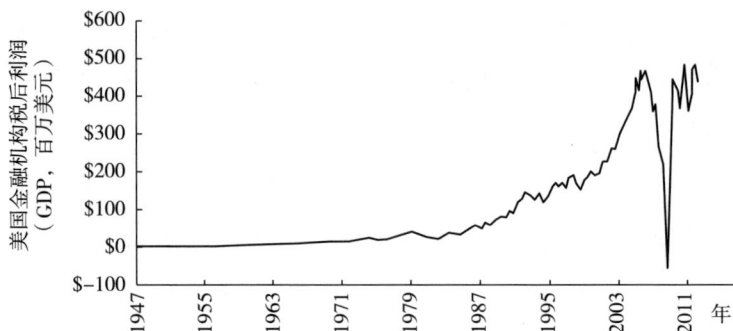

图14-2　美国金融迅速从2008年金融恐慌中复苏

[资料来源：美国商务部：经济分析局（税后利润总额-非金融机构税后利润）]

我们认为，欧洲央行的银行放贷方法解决的是银行流动性问题，但没有解决偿付能力挑战，因此在遏制主权债务危机方面远没有资产购买那么有效。鉴于欧洲央行在2012年9月决定扩大主权债务购买规模，我们的结论在获得更多数据后可以得到重新评估。

银行系统正常运行时的量化宽松

一旦银行体系重新运转（我们指的是持续盈利且资本充足），那么对量化宽松政策的分析就会从央行购买资产转向对长期利率的影响以及经济的利率敏感性问题。资产购买（以及随后QE解禁时的资产出售）与投资组合的关系相对简单，而利率与实际GDP增长、就业创造和潜在通胀的宏观经济传导过程极具争议。

正如时任美联储主席Ben Bernanke在2012年8月31日于怀俄明州Jackson Hole举行的堪萨斯城美联储银行经济研讨会上发表的演讲和随附的研究论文"危机爆发以来的货币政策"中所描述的那样[1]，从QE到

---

[1] Bernanke，Ben S.，2012，"危机开始以来的货币政策"，在美联储银行堪萨斯城经济研讨会上的演讲，Jackson Hole，怀俄明州，2012年8月31日。

市场利率以及股票价格的机制是经由投资组合渠道。如上所述，这不是QE有争议的部分。任何人都不会怀疑，美联储购买数万亿美元的美国国债和抵押贷款支持证券推高了债券价格，降低了收益率，支撑了股价。Bernanke（2012）引用的研究对利率效应进行了量化分析。

这些研究包括Li和Wei（2012）[1]，他们两人都是华盛顿美联储董事会的经济学家，以及旧金山联邦储备银行的经济学家Christensen和rudbusch（2012）[2]。Li和Wei估计，第一轮和第二轮大规模资产购买计划的共同影响，将10年期美国国债收益率推低了约100个基点。

Bernanke（2012）所引用的关于量化宽松对美国长期利率的影响的研究以美国为中心，没有考虑来自同时发生的两个国际来源的潜在影响。首先，全球许多央行，尤其是中国等新兴市场央行，都在购买大量美国国债，以此作为稳定汇率政策的一部分。其次，由于欧盟内部的主权债务危机不断恶化，当金融市场陷入恐慌时，美国国债成了热门的避险投资工具。虽然难以量化，但这两种影响也会降低美国国债收益率。因此，美联储关于量化宽松影响的研究可能夸大了这种情况，尽管其影响的方向并无疑问。

接下来是棘手的部分。国债收益率下降对经济活动或创造就业有影响吗？正如上一节所讨论的，作为第一轮量宽中的一部分，资产购买确实挽救了失业，并通过银行系统的稳定防止了更严重的衰退或萧条。但在银行体系稳定下来并恢复可观的盈利能力后，进一步购买资产是否会对实际增加就业岗位产生进一步压力，而不是像在银行体系失灵的第一轮量宽阶段那样能防止岗位流失？

---

[1] Li，Canlin，Wei，Min（2012），"考虑供给因素的期限结构模型与美联储的大规模资产购买计划"初步以及不完整版本：2012年5月7日，也在2012年FRBNY SOMA投资组合研讨会上提交。

[2] Christensen，Jens h. e. & rudbusch，Glenn D.z."利率对美国和英国量化宽松政策的反应"，旧金山联邦储备银行工作文件系列（2012年5月）。

　　这个问题的答案取决于对经济各部门，特别是金融危机后的消费者和企业对利率敏感性的假设。有几个问题需要解决。首先，如果消费者和企业仍处于资产价值下跌导致的去杠杆化阶段，那么它们对利率敏感的可能性极低。也就是说，当去杠杆化成为当务之急时，接近零的短期利率和降低的长期利率可能不会对消费者、企业和地方政府的经济决策产生任何影响。

　　从历史上看，美国经济的周期性利率敏感性在很大程度上取决于房地产行业。但在金融危机之后，房价可能会严重下跌，而且从低利率到房地产行业扩张的路径完全被切断。在美国，直到2012年，也就是危机开始四年后，房地产行业才出现复苏迹象。

　　其次，即使在去杠杆化阶段结束之后（见图14-3），如果消费者和企业对未来经济进步的可能性信心不足（不管他们缺乏信心的理由是什么），那么在任何关于未来消费或企业扩张的决策中，缺乏信心也有可能压倒较低利率的利好效应。换句话说，鉴于经济状况、银行体系和对未来的信心都较为疲弱，较低的债券收益率和经济活动之间要有实质性的联系，就必须强假设较低的利率会影响消费者和企业的决策。但在2009年到2011年年中左右的去杠杆化期间，在消费者信贷以及银行商业和工业贷款开始再次上升之前，我们没有看到任何令人信服的证据表明较低的利率与消费者或公司的决策之间存在联系。

　　此外，在经济再次开始增长后，短期利率继续保持零利率，以及QE经济扩张至较低的长期利率，可能会对金融危机后人口中的某些群体的储蓄和消费行为产生非常令人沮丧的影响。从人口结构来看，美国是一个老龄化国家，45~65岁年龄段退休计划的作用以及65岁以上年龄段的实际退休情况使人们对紧急低利率货币政策的影响产生了疑问。

　　许多退休人员和养老基金在很大程度上依赖固定收入投资作为收入来源。由于退休投资组合的预期回报较低，用短期和现金等价物投资支付的利率减少这一收入来源可能迫使现有和未来的退休人员减少消费，以增加储蓄。实质上，零短期利率政策加上QE降低长期利率意味着财富重新分配远离储蓄者（当前和未来的退休者），而向借款者（包括借款企业在内）的方向靠拢。即便利率处于低水平，这些借款者也不太可能在不确定性加剧期间扩大其业务。

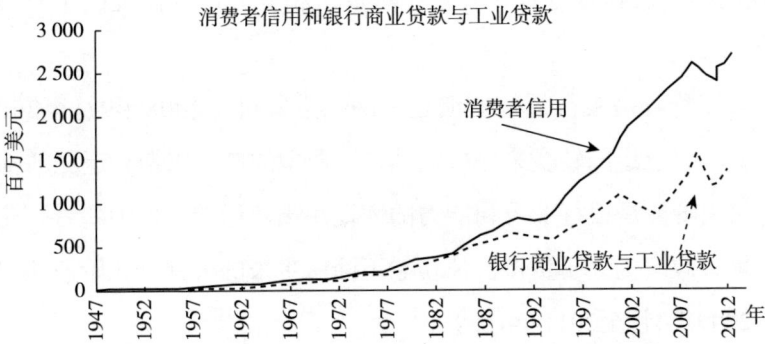

图14-3 美国消费者信用和银行商业贷款和工业贷款
（资料来源：美联储圣路易斯分行FRED数据库）

对于经济在危机后复苏阶段对利率敏感度的传统假设所面临的这些挑战，必须成为任何量化宽松有效性评估的核心。也就是说，我们注意到，大多数国内宏观经济平衡模型都非常愿意假设消费者和企业在商业周期的所有阶段对利率的敏感度保持不变。在经历了具有重大去杠杆化活动的金融危机之后，这一假设显然并不那么恰当。Bernanke的警世名言[1]非常能说明问题："如果我们愿意接受这样一个有效假设，即宽松的金融环境对经济的影响类似于历史上观察到的情况，那么计量经济模型就可以用来估计大规模资产购买（LSAPs）对经济的影响。"Bernanke显然愿意做出这一关键假设，因为他继续引用了几份遵循这一思路的研究

---

[1] 具体参见Bernanke，Ben S.，2012年《危机爆发以来的货币政策》第7页，2012年8月31日在怀俄明州杰克逊霍尔举行的堪萨斯城美联储银行经济研讨会上的演讲。

报告。然而，在经济分析界有许多人会提到Reinhart和Rogoff（2009），并着重断言"这一次不同"！例如，华盛顿美联储委员会的经济学家Kiley（2012）[1]在一篇论文中指出，"此处的分析在零利率"之后不再适用，因为很可能名义利率到达零之后，该模型的线性理性预期结构可能会有问题。

我们的建议和直觉是，分析金融危机和复苏过程涉及四个阶段，具体如下：

- 第一阶段是银行系统崩溃之下的金融危机（2008年9月至2009年3月），衰退的转变来得极突然，比典型的商业周期衰退更加剧烈。
- 第二阶段是银行业盈利能力的恢复和正常运转，但消费者、企业和地方政府仍处于资产价值初始下降所带来的去杠杆化阶段（可能是2009年4月至2011年6月）。
- 第三阶段（2011年7月至截至2018年正在进行）有一个正常运作的银行系统，但经济增长仍然受到限制，因为缺乏经济信心，或由于早期金融恐慌的冲击，风险偏好发生了长期变化。
- 第四阶段完成了向某种形式的经济平衡的回归，在这种情况下，关于利率敏感性的标准宏观经济假设可能再次开始适用。

也就是说，即使一个经济体已经进入第三阶段，去杠杆化阶段已经完成，而且银行体系运转正常，这也只是重新应用消费和投资的利率敏感性假设的一个必要条件，而不是充分条件。原因是信心的缺乏。我们必须记住，金融危机，即使是那些不会螺旋恶化至萧条的危机，也会给信心留下持久的负面印象，而信心恢复需要很长时间。如果长期回报预期下降，那么冒险行为也将减少。如果参考20世纪30年代大萧条或20世

---

① 见第4页最后一段。2012年，"短期和长期利率的总需求效应"，美联储委员会，财经讨论系列。

纪70年代通胀危机的长期影响，这种影响可能会持续10年或更长时间。

　　以企业为例，如果它们对税收政策、财政支出政策、新法规等都不确定，金融危机过后，由于对未来缺乏信心，它们很可能会推迟扩张和招聘计划。这对传统宏观经济计量经济模型的意义是，与消费和投资的利率敏感性有关的历史参数可能过高，导致模型错误地认为增长率和就业率可能比实际高得多。这种类型的公司行为似乎在2010年至2012年期间尤为普遍，当时企业利润已经恢复，但创造的就业机会并不多。在我们可能认为的危机后复苏的第二和第三阶段，美国公司囤积了大量现金，其中许多都存放在海外，因为根据当时生效的美国税法，外国所得利润的征税方式具有特殊待遇。简而言之，在评估量化宽松政策的效果时，我们肯定不愿意像Bernanke所说的那样，"把宽松的金融环境对经济的影响视为一种有效的假设，类似于历史上观察到的情况"，而且我们会认为使用历史上估计的恒定参数的计量经济模型实际上高估了大规模资产购买计划（LSAPs）对经济的影响。实际上，我们强烈建议，旨在评估量化宽松的估计模型需要使用具有时变参数的动态技术，或者至少是带有制度变迁要素的方法，以便在严重金融冲击和去杠杆化事件之后的不同复苏阶段对量化宽松对经济活动和创造就业的潜在影响做出相关估计。

全球经济环境的影响

　　评估任何政策行动的影响时，全球背景都尤为重要。从量化宽松对实际国内生产总值增长和创造就业机会的影响角度来评价量化宽松的问题在于，相较于当前全球环境而言，在建立基线计量经济模型的时期，世界经济结构是否发生了重大变化。我们必须考虑到全球化问题，以及1950年至2000年期间简化的以国内为导向的经济分析模式是否仍然能延用。

最简单的宏观经济模型侧重于贸易联系，但这些方法对远超贸易流动的国际资本流动而言不公平，货币市场、债券市场、股票市场和商品市场都会产生反馈效应。大型跨国公司可能在一个国家注册，但一半甚至更多的现金流来自国内业务之外。养老基金、资产管理公司和对冲基金管理的是全球投资组合，而不是国内投资组合。

我们可以有把握地说，如果世界上大部分地区的经济都在苦苦挣扎，那么任何一个国家都不可能成为一个孤岛，而不受到其中的部分影响。尽管有许多可行方法来模拟国际经济的影响以及来自全球市场的反馈循环，但显而易见的是，有必要直接对这些影响进行处理，而非将其归入简化假设的范畴。考虑到过去十年各经济体相对规模的变化，特别是新兴市场国家与成熟工业经济体相比的相对增长，这一点尤其重要（见图14-4）。

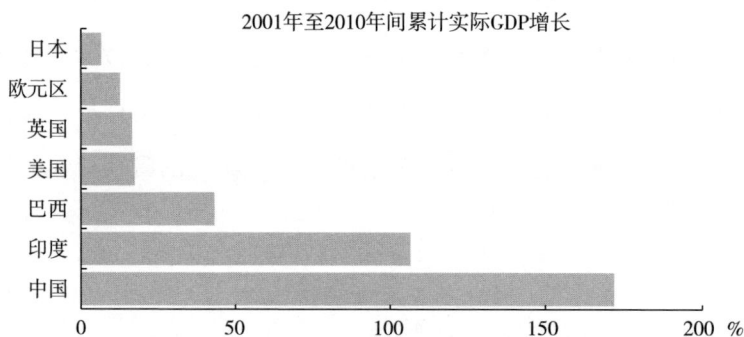

图14-4　全球实际GDP增长

（资料来源：世界银行年度GDP数据，彭博专业版）

例如在2000年，巴西、俄罗斯、印度和中国仅占全球GDP的8%，到2010年，这一比例已升至25%。尽管人们可以对国际经济联系的性质提出质疑，但中国等新兴市场国家的相对影响力已经显著增加，这似乎是一个显而易见的出发点。从建模的观点来看，这再次说明需要使用时变参数的动态估计方法，并且谨慎避免假设与国际反馈效应相关联的参数是恒定不变的。

还有人担心，2010年至2012年期间，欧洲主权债务危机对评估QE2和扭曲操作在美国的成效会有影响。欧洲危机表现出主权债务危机和银行资本充足危机的两个方面。因此，欧洲金融不确定性的潜在影响可能放大了该区域在衰退或停滞中的直接贸易影响。这方面当然需要进一步研究，例如，2010年至2012年期间欧洲对世界其他经济体（从美国到中国以及其他新兴市场国家）的不利溢出影响涉及资本市场和风险投资，因此比欧元区实际GDP和贸易数据所反映的溢出影响程度更为严重。也就是说，鉴于2011—2012年欧洲经济停滞，新兴市场经济增长迅速减速，考虑到国际不利溢出效应的影响，美国2009年第三季度至2012年第三季度的经济表现相当出色，即便实际GDP平均增长率仅为2.2%。

人口结构、技术进步以及财政政策的转变

观察人口结构的变化就像看着油漆变干，但如果花费几十年而不是几年的时间来观察，变化会非常显著。这给定量经济建模造成一个严重问题，因为月度或季度间的变化不会显示出缓慢但可能具有构造性的影响，而月度或季度间的变化是依赖历史数据的宏观经济统计模型的重点。然而我们了解，年轻国家和人口老龄化国家的政策选择可能有着惊人的不同。

人口老龄化或新退休人员人数等于或超过进入劳动力队伍的年轻人人数的国家可能更注重财富维持和医疗保健，例如日本和其他较老、较成熟的工业国家。劳动力规模迅速扩大的较年轻国家可能侧重于创造就业和出口，而不那么重视养老金和医疗保健制度，例如巴西和其他相对年轻的新兴市场国家（见图14-5和图14-6）。

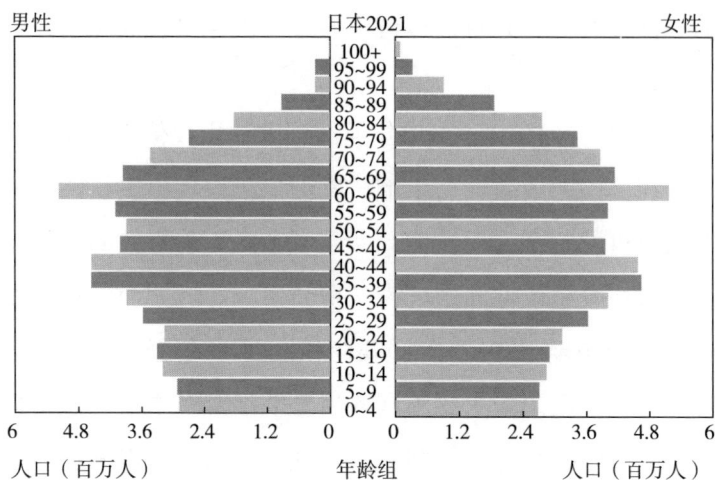

图14-5　日本人口金字塔

（资料来源：美国人口普查局，国际数据库）

https://www.census.gov/data-tools/demo/idb/informationGateway.php

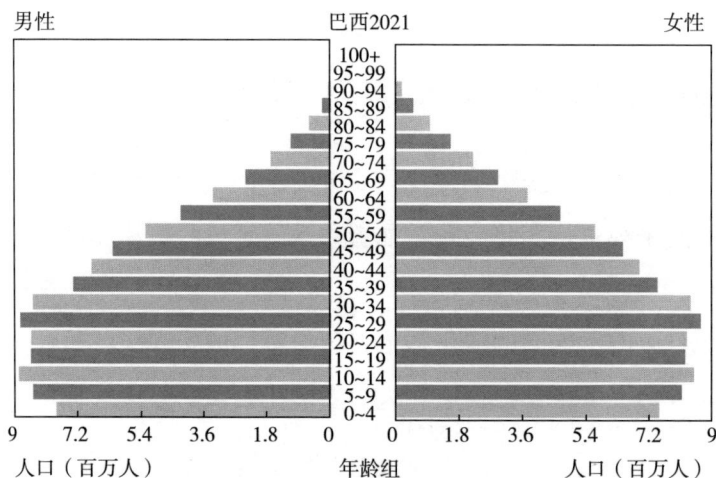

图14-6　巴西人口金字塔

（资料来源：美国人口普查局，国际数据库）

https://www.census.gov/data-tools/demo/idb/informationGateway.php

　　人口老龄化国家将政策重点放在养老金和医疗保健上，这很可能导致劳动力成本上升。随着时间的推移以及社会保障体系的不断完善，劳动力成本上升的趋势也可能出现，其中一个途径就是对劳动者强制收费。（有关人口和经济增长的深入讨论，请参见第5章。）

人口统计并不是唯一一个隐藏于短期数据中，但长期影响巨大的问题。科技进步可以是跳跃式的，但过去几十年的技术进步令人印象深刻。特别是信息时代的到来极大地提高了愿意投资新资本和设备、以利用这一技术飞跃的那些公司的劳动生产率。技术快速变革时期，尤其是20世纪80年代以来，全球经历的、至今仍在持续的能够提高劳动生产率的变革，可以改变与经济衰退相关的就业创造周期。特别是，经济衰退往往会淘汰那些没有利用技术变革的弱小企业。在几十年的快速技术变革中，从衰退中走出来的实力较强的公司，在给定的产出水平下，可能不需要那么多的工人，因为它们更多地使用了提高了劳动生产率的资本和设备（见图14-7）。

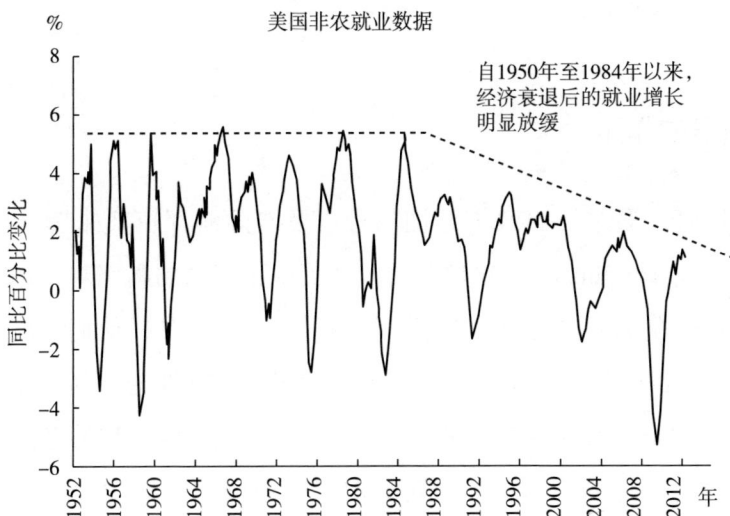

图14-7　美国非农就业数据

（资料来源：美联储圣路易斯分行 FRED数据库）

量化宏观经济的问题在于，对经济周期中劳动力市场表现的描述是否会随着人口结构变化和技术进步而变化，或者是否可以认为劳动力市场不存在结构性变化。这与美国的QE分析高度相关,因为美联储QE2、扭曲操作和QE3的最终目标是刺激创造就业。如Putnam和Azzarello（2012）[1]所述,如果劳动力市场的结构性变化很重要,那么这些变化需要被明确地考虑在内。然而在评估QE的所有研究中这一点都没有被考虑。

当我们考察"二战"以来美国经济衰退后的就业增长情况时,我们注意到20世纪50—70年代以及1980年至1982年经济衰退期间,就业增长模式呈现出一致性。然而从20世纪80年代中期开始,出现了一种新的模式。每次衰退之后,就业增长都比前一次更为缓慢。此外,回到衰退前的就业高峰水平所需的时间越来越长。我们对历史数据的解读是,在美国,衰退过后,在一定程度上实际GDP复苏所需要的就业增长数量出现了实质性的结构变化,而这种变化可能是由2008年金融危机或更具周期性的变化引起的。

央行信号的作用

央行可以通过发出政策意图信号以及实际购买资产来影响利率。Christensen和rudbusch（2012）比较了英国和美国的利率对量化宽松的反应,他们在研究中明确考虑了央行信号。有趣的是,他们指出:"我们发现,美国国债收益率的下降主要反映了政策预期的下降,而英国国债收益率的下降似乎反映了期限溢价的下降。因此,量化宽松的信号和投资组合渠道的相对重要性可能取决于市场体制结构和央行的沟通政策。"

---

[1] Putnam，Bluford H. & Azzarello，Samantha，2012，"美联储双重授权和泰勒规则的贝叶斯解释"，《金融经济学评论》，21（3）：111-119。

我们注意到，美联储就其在2009年至2012年年中期间的未来量化宽松政策的意图发出的信号是基于美国经济可能疲软以及降低失业率方面进展不足的普遍观点。也就是说，QE信号和对美国经济进展相对悲观的看法是齐头并进的。White（2012）[①]对超宽松货币政策的众多潜在意外后果进行了出色的论述，他的观点也反映了这一点。他们的论点是，尽管预示着QE未来政策的信号可能会更快地传导到利率，但它也可能带来抑制消费者和企业信心的负面作用。本文的论点是，当QE信号体现出对经济的悲观看法时，这些信号会切断利率与经济活动之间的联系，因为它们会降低消费者和投资者对未来的信心。

此外，在后银行危机阶段，重建对未来的信心对于在低利率与消费和商业决策之间重新建立联系至关重要。这种观点并非鲜见。FOMC成员曾讨论过，应延长零利率的指导期限（而无论经济环境如何），这样市场就会知道，宽松的政策将继续存在，以支持复苏。FOMC在2012年12月也采取行动，为近乎零的联邦基金利率指引附带失业率降至6.5%的退出条件。

退出QE

现在我们来看最后一组观察，即考虑退出策略，这也是White（2012）研究中的一个关键主题。在没有退出计划的情况下不应制定任何投资策略，政策方针的制定亦是如此。美联储和欧洲央行都认为进军QE是暂时的，退出QE是可以控制的。虽然我们并不怀疑退出QE的可控性，但我们确实认为这将带来很大的挑战，而且货币政策正常化的推迟

[①] William R . White，2012年，"超宽松货币政策和意外后果法则"，达拉斯美联储银行全球化和货币政策研究所，第126号工作文件。

也有可能（如果不是100%确定的话）。

退出QE可能提高利率，但两者的经济环境将完全不同。进入QE发生在发生严重衰退之后的去杠杆阶段和缺乏信心阶段。在这期间，消费者和企业对利率的敏感度可能非常低。相比之下，只有当经济重新回到稳定和积极的增长道路上，当经济重新获得一定程度的利率敏感性时，退出QE才是合适的。但一旦美国退出QE，利率将随着资产流入市场而上升，而这反过来可能给目前对利率更为敏感的其他经济体带来麻烦。

央行很有可能（尽管不是必须）推迟退出QE或延长退出时间，以便将高利率对经济的影响降至最低。如果此时经济恢复活力，推迟退出QE的潜在影响是货币走弱，以及通胀可能出现波动。此外，大规模的资产出售有可能造成债券市场的价格波动。央行的沟通信号或许能够降低波动性，但代价是让价格下行（收益率上行）的影响发生得更快。我们的结论是：进入QE比离开QE容易得多，QE对经济和市场波动的长期代价很容易被低估。

结论

评估QE涉及相当多的量化挑战，我们希望这项研究能够提供思路，并提醒这些问题的重要性。旨在评估量化宽松的量化宏观经济模型需要明确处理以下问题：

- QE1适用于银行体系失灵的经济体，对QE的运用完全不同于随后对已经再次增长并处于复苏中的经济体采用的QE2操作、扭曲操作或QE3操作。QE的评估必须将QE1与后续的其他QE分开，否则其结果实际上将毫无意义。
- 有证据表明美国劳动力市场出现了结构性变化。不能假定它不存在。

- 自2000年以来，新兴市场在世界经济中的作用出现了历史性的增长。在当今时代，没有明确国际联系的国内经济分析模式能否用于评估美国或其他地区的QE？或许不能。

- 国际上，各国央行购买美国国债的规模以万亿美元计。2010年至2012年的欧洲主权债务危机引发了一系列市场恐慌和"逃向优质资产"行为，这可能也降低了美国国债收益率。评估QE对美国债券收益率影响的研究，至少需要解决一个问题，即可能存在同样导致收益率下降的重大国际因素。在这种情况下，只考虑国内因素的债券收益率模型是完全不合适的。

- 从2008年到2011年，消费者和企业都进行了大量去杠杆化。不能认为2008—2009年的衰退是"二战"后其他衰退的典型情形。Reinhart和Rogoff 认为"这次情况不同"，即便人们不同意这种观点，似乎也有义务解释一下去杠杆化与经济对利率的敏感性的关系。

我们从理论上的考虑以及对2008年至2012年年中美联储和欧洲央行行动的解读得出的结论如下：

- **QE1是有效的。**量化宽松是央行在应对面临系统性偿付能力和流动性失灵的银行体系时非常有效的工具。

- **资产购买比贷款更有效。**此外，与向银行系统直接贷款等其他形式的QE相比，央行购买被削弱或失灵的银行系统持有的证券能更有效地鼓励经济更快地恢复增长。

- **QE影响利率。**以购买长期证券为形式的量化宽松在降低长期利率方面可以产生有意义的效果。然而，如果各国央行缩表，回归正常的货币政策，那么利率就会受到相反的影响。

- **QE不一定影响经济活动。**在去杠杆化和市场参与者普遍缺乏信心的条件下，即使银行体系相对健全、盈利尚可、资本充足，量化宽松对经济活动或劳动力市场的积极影响可能很小，甚至没有，尽管它对利率有影响。实际上，如果可能的影响集中在利率而不是经济活动上，那么QE有可能在实现央行目标方面产生相反的效果，因为QE会向市场参与者发出一个强烈的经济悲观信号。

- **QE的退出策略可能极具挑战性。** 中央银行退出QE的战略实施起来可能极具挑战性，而且有可能推迟货币政策恢复正常，损害长期经济增长、货币价值和未来通胀形态。也就是说，量化宽松对经济活动和金融市场稳定的长期成本有可能相当大。

第15章
金融危机：不同管理方式的经验教训

Blu Putnam[①]

编者按：本章最初发表于2015年7月《金融观点杂志》第2卷第2期。美联储和欧洲央行（ECB）选择了截然不同的非传统方法来管理始于2008年9月的金融危机。本章的研究将美联储的资产购买与欧洲央行为确保银行系统流动性而发放的紧急定期贷款进行了对比，研究认为，美联储在2008年第四季度采取的方法在夯实美国银行体系基础方面要比欧洲央行采取的方法有效得多。

在2008年9月的金融危机以及随后的经济衰退之后，成熟工业国家的几个主要央行开始大举扩张资产负债表，步入所谓的量化宽松时期（QE）。然而各国央行QE计划的动机和目标存在重大差异，这导致它们在资产扩张的实践中采取了非常不同的路径。反之，不同的实施方法产生了截然不同的结果，对各自的经济构成了截然不同的挑战，对未来的中央银行政策产生了重大影响。我们的研究比较了美联储和欧洲央行的活动，我们得出了相对明显的以及部分可能有争议的结论，包括以下几点：

- 在雷曼兄弟破产以及对美国国际集团的混乱救助结束后，美联储和欧洲央行迅速而积极的行动很可能阻止了另一场大萧条。
- 即便美国经济已经在复苏，美联储从2011年开始实施的QE计划可

---

① 免责声明：文中所举事例皆是对情况的假设性解读，旨在说明观点。这里表达的观点仅反映作者本人的观点，不一定反映其所在单位，即芝商所或其附属机构的观点。文中的信息不应被视为投资建议，亦不作为对实际市场情况的分析结论。

能对创造就业机会根本毫无裨益。

- 欧洲央行对流动性贷款的关注给金融市场吃下一枚定心丸，但此举并未帮助银行剥离不良资产，而且与美联储的做法相比，欧洲央行的做法可能阻碍了经济增长。美联储大力购买资产，降低了银行存款余额和资本金要求，从而有助于经济加快复苏。

- 美联储退出QE的过程可能非常复杂，包括延迟回归更为传统的短期利率政策，由于央行净收入下降，造成向财政部缴款的减少，并且随着时间的推移，美联储可能会丧失部分独立性，原因是美国国会加大了对美联储资产负债表规模以及潜在投资损失的监督。

- 欧洲央行最初对QE采取的做法主要是通过向银行系统发放贷款，允许主要央行采用最简单、最自然的退出路径——让贷款自然到期。

央行的动机分析至关重要。随着2008年9月金融危机的蔓延，美联储和欧洲央行都集中注意力应对稳定市场这一火烧眉毛的挑战上。此后，随着美国经济开始复苏，美联储转而关注脆弱的劳动力市场，并设定了快速降低失业率的政策目标。欧洲央行面临主权债务危机，因此将重建单一货币的可信度作为其首要目标。

不同的动机催生了不同的方法和路径。在2008年第四季度开始的金融危机之初，美联储从倒闭的金融机构手中收购了不良资产。2009年末，美国经济开始复苏，美联储关注就业市场，因此开始购买美国国债并延长国债到期日，同时购入抵押贷款支持证券。而在另一头，欧洲央行面对主权债务危机，致力于重建欧元信誉，这意味着要确保金融体系的流动性，因此在2015年之前，欧洲央行主要通过向银行提供紧急流动性和低息定期贷款来扩大其资产负债表，同时开始（但力度较前者少得多）购买较弱国家的债务。

实现上述目标的进展也有所不同。美联储、欧洲央行和其他主要央行在2008年9月以及随后几个月迅速采取的积极措施，有效避免了全球再次陷入大萧条。然而，我们认为从2011年开始，美联储的QE计划在帮助美国就业市场和创造就业机会方面几乎或完全没有起到任何作用，反而很可能成为一个障碍，因为QE计划发出了有关经济增长信心的负面信号。欧洲央行在稳定欧元和欧盟银行系统方面（这是它的主要目标）取得了相当大的成功，但欧洲经济一直缺乏有意义的增长，直到2014年，前方似乎终于出现了一丝曙光。

虽然进展缓慢，但QE计划产生的副作用正在逐渐显现。截至2016年末，美联储资产负债表规模已大约达到全年名义GDP四分之一的规模，在如何管理退出QE方面面临严峻挑战。相比之下，欧洲央行的资产负债表在2013年至2014年出现自然收缩，因为银行正在快速偿还其紧急定期贷款。但从2015年开始，欧洲央行开始购买资产，这削弱了欧元区政府债券市场的流动性，使其在危机中容易受到剧烈波动的影响，比如2018年6月的意大利。

我们将采用案例研究的方式，依次研究美联储和欧洲央行的不同做法。我们将详细描述它们的动机和方法，关注其措施实施的结果、引发的意料之外的后果及其对未来经济的影响。结语部分总结了迄今为止从QE时期汲取的经验教训，及其对央行未来的启示。

美联储

动机与实施。 金融危机期间，美联储由本杰明·伯南克教授领导，他是研究20世纪30年代大萧条的学者①。20世纪90年代末，伯南克教授批

---

① 见：伯南克，B.S.，"大萧条蔓延过程中金融危机的非货币影响"，《美国经济评论》，第73卷第3期，（1983）：257-276。另见：伯南克，B.S.，1994，"大萧条时期的宏观经济学：比较方法"，NBER工作文件系列，第4814号工作文件，国家经济研究局，马萨诸塞州剑桥。

评日本央行不愿采取包括资产购买在内的非常规措施，以化解日本经济在20世纪80年代股市和房地产繁荣崩溃后面临的萎靡不振局面[①]。

雷曼兄弟破产后，金融市场陷入恐慌，美国国际集团的纾困行动极具破坏性。在这种情况下，美联储主席伯南克转向采用他十年前建议日本央行采用的策略，大举购买资产。

第一轮量化宽松（QE1）的第一阶段（2008年9月17日至2008年12月31日）主要关注危机管理。美联储将目标联邦基金利率降至接近零的水平，并在2008年1月至12月期间购买了约1万亿美元的问题证券和衍生品风险敞口。我们认为，这一阶段的QE对美国避免大萧条至关重要，而且符合美联储章程的精神，即成为银行系统的最后贷款人。美联储利用对其紧急权力的解释来证明购买QE1的各种证券和风险敞口是合理的，但它显然不想长期持有这些不良债务和衍生品风险敞口。在QE1的第二个阶段（2008年12月31日至2010年12月29日），随着市场趋于平静、经济开始复苏，不良资产和风险敞口被出售获利。出售不良资产和风险敞口获得的资金主要被用于购买抵押贷款支持证券（MBS）。

从2011年开始，美联储推出了各种QE计划来增持美国国债和MBS，并延长其期限。与2008年第四季度的情形不同，接下来的几轮QE并非出于对金融恐慌的直接担忧。2009年3月，股市开始强劲复苏，随后在同年年末，经济开始恢复增长。2010年初，私营部门实现就业增长。考虑到经济复苏极为脆弱，净就业增长缓慢，美联储启动了第二轮资产购买计划（QE2，2010年12月29日至2011年7月6日）。QE2侧重于购买美国国债，在其购买的约6 000亿美元国债中，只有400亿美元是10年期及以上的长期证券，也就是说，QE2主要购买的是中短期国债。

---

① 伯南克，B.S.，2000，"日本货币政策：一个自我诱导瘫痪的案例？"Mikitani, R.和A. Posen（编辑），日本的金融危机及其与美国经验的相似之处，华盛顿特区：国际经济研究所，149-166。

美联储对脆弱的经济、缓慢的复苏以及欠佳的劳动力市场状况，依然感到不甚满意，因此调整策略并通过了一项到期资产展期计划（MEP）[①]（2011年7月6日至2012年12月26日），以积极尝试降低国债长期收益率。实际上，MEP是1961年美联储试图降低长期债券收益率的尝试的现代版本，当时被称为"扭曲操作"[②]。在这一阶段，美联储出售了部分中短期美国国债，并用所得资金购入长期国债，极大地延长了其持有的国债到期期限。2012年下半年，美联储终止了展期计划，并重新宣布了一个更大规模的开放式的资产购买计划，即第三轮量化宽松（QE3，2012年12月26日至2013年12月25日）。[③]这一阶段最初包括每月购买450亿美元美国国债和400亿美元住房抵押贷款证券，使2013年美联储的资产负债表增加了约1万亿美元，规模相当于名义GDP的6%（见图15-1）。

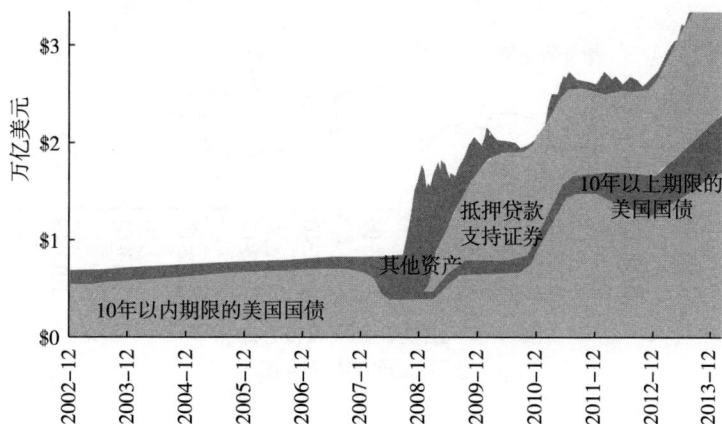

图15-1 美联储资产

（资料来源：美联储圣路易斯分行FRED数据库）

2013年5月，美联储主席伯南克就美联储何时以及如何缩减资产购买

---

① （展期计划）美联储新闻稿（FOMC声明），美联储董事会，2011年9月21日。

② Ross M.H ., 1966，"扭曲操作：一个错误的政策？"政治经济学杂志，74（2）：195-199。

③ QE3计划，美联储新闻发布（FOMC声明），美联储董事会，2012年9月13日。

规模展开公开讨论。2013年12月的联邦公开市场委员会（FOMC）会议上，做出了减少每月资产购买量的正式决定，2014年1月的会议又进一步削减了资产购买量。伯南克卸任美联储主席，由其继任者珍妮特·耶伦接棒。

市场影响。美联储对长期债券收益率最显著的影响始于2012年的到期资产展期计划（MEP），终于伯南克主席的退出QE计划。[1]美联储的MEP和QE3计划短时间内暂时成功地将2012年的10年期国债收益率降至核心通胀率以下。"减少资产购买的谈判"刚一开始，10年期美国国债收益率就立即反弹至核心通胀率水平之上（见图15-2）。

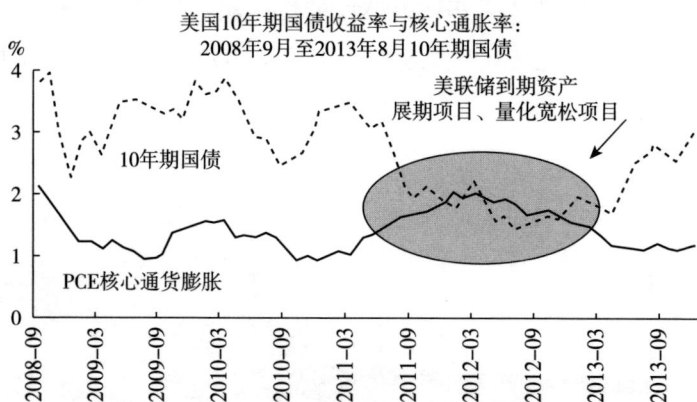

图15-2　国债收益率与核心通胀率
（资料来源：彭博专业版）

也就是说，美联储在QE2购买的6 000亿美元资产似乎并未对债券收益率产生明显的影响，这或许是因为购买的长期债券收益率在投资组合中所占比例相对较小。在QE2期间，美联储主要购买的是中短期美国国债。由于目标联邦基金利率已经将收益率曲线的短端固定在接近于零的水平，因此购买这些资产对收益率曲线进一步下行的影响很小，甚至根

---

① QE宣布逐步缩减，美联储新闻稿（FOMC声明），美联储董事会，2013年12月18日。

本不存在。同样值得注意的是，在辩论、宣布和实施QE2的过程中，债券市场的波动性很可能是由欧洲主权债务危机的恶化所主导的。

相比之下，当美联储转向MEP时，强调的是国债收益率曲线长端的买入行为，这使得债券收益率出现了显著变化。我们和其他人[1]的观点相同，认为美联储MEP计划的影响约为100个基点。"减少资产购买的谈判"之初造成的市场影响再次证实了这一点。2013年4月底，10年期美国国债收益率为1.67%，到7月初，收益率已经超过2.75%，截至2013年底，美国10年期国债收益率大致在2.6%~3.0%之间的范围内波动。

各种QE计划对美国股市的影响颇具争议。如前所述，几乎毫无疑问的是，QE1有助于稳定金融体系，缓解市场对危机的担忧。随着恐慌情绪消退，美国股市自2009年3月开始复苏，2009年末经济恢复增长。QE2、MEP和QE3对股票的影响是存在争议和疑点的。事实上我们认为，对美国QE的研究如未将2008年第四季度严重的金融恐慌背景下实施的QE1的影响，与后来在经济复苏和适度增长的背景下实施的其他QE计划的影响分开考虑，这可能会错过从QE中获得宝贵经验教训的机会[2]。

前美联储主席伯南克在2012年8月的年度杰克逊霍尔会议上的讲话中引用了投资组合和资产替代理论，认为美联储购买资产可以提高股价[3]。从表面上看，这似乎是合理的，并且是具备经济学理论基础的，但这一期间也发生了其他可能助推股市上涨的事件。2010年至2012年间，企业

① 见1）Christensen, J.H.E.和G.D. Rudebusch，2012年"利率对美国和英国量化宽松政策的反应"，旧金山联邦储备银行工作文件系列。2）Kiley, M.T.，2012，"短期和长期利率的总需求效应"，美联储董事会，财经讨论系列。3）李仲伟，2012，"考虑供给因素的期限结构模型与美联储的大规模资产购买计划"，初步和不完整版本：2012年5月7日，也在2012年纽约美联储银行SOMA投资组合研讨会上发表。
② Putnam, B.H.，2013年"评估量化宽松效果时必须考虑的基本概念"，《金融经济学评论》22（1）：1-7。
③ Bernanke B.S.，2012年，"危机开始以来的货币政策"，在堪萨斯城美联储银行经济研讨会上的演讲，Jackson Hole，Woyoming，2012年8月31日。

利润迅速扩张。仅从这两年的数据看，MEP造成的债券收益率下降和债券市场波动性降低似乎确实有助于维持股票价格，但股市长牛也应部分归功于收益增长的强劲势头。

为简化起见，可用以下公式表示：

公式1：

股票指数增长率＝（收益增长预期）/〔1 +国债收益率+市场波动（风险）溢价〕

也就是说，QE对股价的影响主要体现在对分母的正向影响上，通过降低债券收益率和波动性来降低最低期望收益率。从分子来看，经济复苏带来的收益增长是有利因素。

然而，美联储主席伯南克2013年5月开始的"减少资产购买的谈判"，让事后分析股市对QE2、EMP和QE3的反应变得有趣起来。美国国债收益率上升，市场波动性加大，表明股价应当下跌，而这也取决于盈利增长预期。2013年，企业利润无疑实现了正增长，但与最初几年复苏时的迅猛增长相比，增速略有放缓（见图15-3）。但股价似乎完全不受即将结束的量化宽松政策以及美国国债收益率上升的影响，2013年下半年，标普500指数再创新高。

图15-3 美国企业利润

（资料来源：美联储圣路易斯分行FRED数据库）

在债券收益率上升、波动性适度上升以及业绩增长略微放缓的情况下，美国股市在2013年下半年的表现强烈表明存在一个非常强大的信号效应。也就是说，如果美联储决定退出QE计划，那么就意味着美联储认为即便不提供紧急和特别援助，经济本身就已经足够强劲，能够实现增长。如果这种解释能够说明QE的主要影响，那么QE2、MEP和QE3等不同版本政策的出台也可能被解读为对经济增长信心的打压。如果在经济复苏开始后不扩大或延时量化宽松计划，经济或许会发展得更好。

诚然，尽管私营部门的就业复苏进展顺利，但在经济复苏的头几年，美国大型企业仍在大肆囤积现金。我们的观点是，囤积现金的主要动机之一来自美联储的负面信号，即美联储认为美国经济非常脆弱，很容易再次陷入衰退，因此需要其提供非同寻常、前所未有的紧急流动性支持。如果人们稍稍对劳动力市场数据明细进行研究，就会更加相信QE2、MEP和QE3没有创造就业机会。在伯南克的领导下，美联储似乎主要致力于降低失业率，并改善每月净新增就业岗位，即关注就业人口数据。

尽管总体来看，就业复苏比前几个周期更加缓慢，但当人们将就业数据划分为私营部门就业和政府部门就业时，这种观点就发生了变化。事实上，2010年至2013年私营部门的就业恢复速度与2002年至2006年间大致相同。后金融危机时期明显不同的是政府部门的就业，主要受到州政府、地方政府和美国邮政部门的影响。2001年底到2007年年中期间，政府工作岗位增加了852 000个。2009年4月到2013年3月期间，政府工作岗位大约减少了817 000个。也就是说，政府就业市场的活动严重阻碍了危机后经济复苏过程中就业机会的创造进程（见图15-4和图15-5）。

美国私营部门就业情况

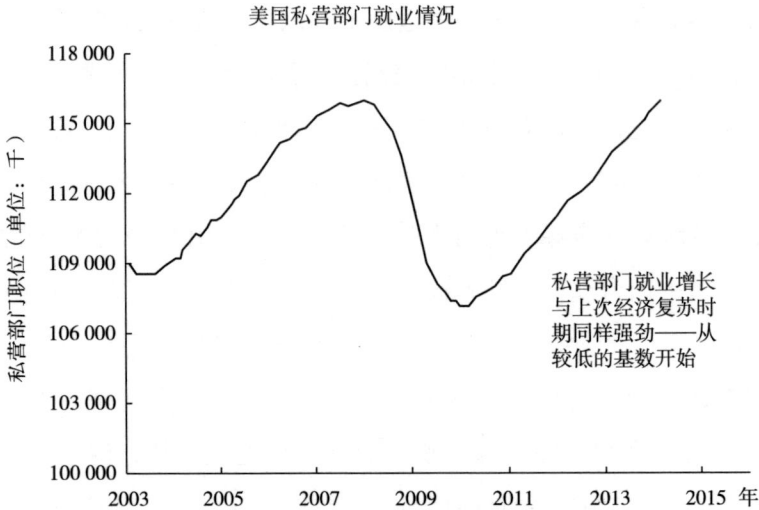

图15—4　美国私营部门就业情况

（资料来源：美联储圣路易斯分行FRED数据库）

美国联邦政府、州政府、地方政府职位

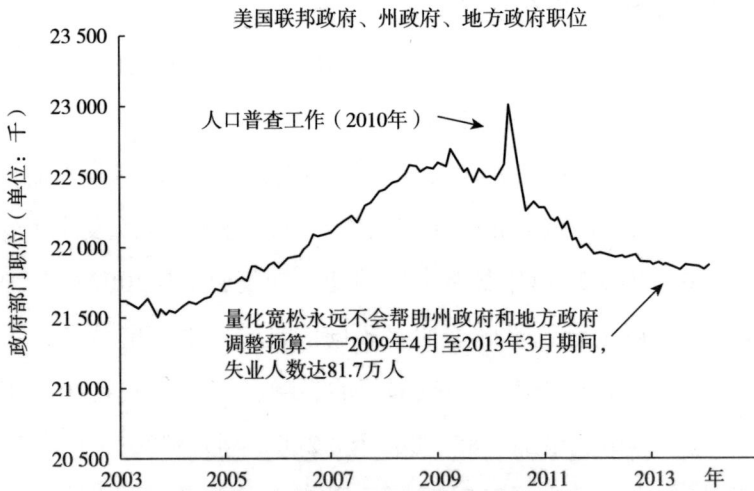

图15—5　美国政府部门就业情况

（资料来源：美联储圣路易斯分行FRED数据库）

　　在房地产繁荣发展时期，房产税不断上升，美国各地方政府支出也随之增加。然而考虑到债务的作用和危机后发生的大规模去杠杆化，金融衰退与更典型的周期性衰退大不相同①。在这种情况下，高水平的债务集中在住房抵押贷款市场，而经济衰退期间房价经历了暴跌，这意味着州政府和地方政府必须大幅降低并重置其收入预期。因此，美国政府大幅削减了政府部门职位，这个削减过程需要花上几年时间。我们的观点是，美联储的资产购买计划对州政府和地方政府而言毫无助益，而在企业利润强劲增长的支撑下，私营部门的就业增长相对强劲。QE2、MEP或QE3的出台意义不大，除了在2012年和2013年初暂时降低长期债券收益率之外，几乎没有取得什么进展——副作用却很大。

意料之外的后果。无论人们对美联储的QE计划能否成功实现其目标持何观点，在QE实验之后，美联储的资产负债表和财务状况都发生了深刻的变化。截至2013年底，美联储的总资产接近4万亿美元，而在金融危机之前，2008年8月底总资产规模是8 500亿美元。这一扩张使得资产负债表规模占美国名义GDP的比例从6%升至近25%（见图15-6）。

图15-6 联邦储备资产占名义GDP的百分比
（资料来源：彭博专业版）

---

① Reinhart，C.M .，Rogoff，k .，2009年，《这次不一样：800年金融荒唐史》，新泽西：普林斯顿大学出版社。

在4万亿美元之中，包含5 800亿美元剩余期限在10年或以上的美国国债，以及1.5万亿美元的长期住房抵押贷款证券，这一投资组合的利率风险相当之高。举例来说，如果市场收益率从3%升至5%，与10年期美国国债等值的零息债券将损失17.5%的价值。在未来的某一时点，如果通胀压力上升，债券收益率上升，那么美联储的债券投资组合可能会出现账面亏损——然而，美联储只会将这些证券持有到期，而不太可能卖出。

我们注意到，一旦美联储开始大规模扩张其资产负债表，其收益也大幅上升。美联储将大部分收益用于购买国债，这有助于减少赤字。在2008年金融危机之前，美联储每年经常通过购买国债向市场注入约200亿美元或略多一点的资金。在过去几年中，注入的资金量要大得多——例如2011年为769亿美元，2012年为889亿美元，2013为796亿美元。

美联储可能会选择不考虑将目标联邦基金利率从接近零的水平上调的任何决定对美国预算赤字的影响，这一利率水平从2008年末一直持续到2014年。不过，提高联邦基金目标利率的决定可能会对美联储的收益产生影响。在所有费用科目中，美联储关注的重点是利息支出。截至2014年年中，美联储未支付1万多亿美元未偿现金的利息，但它确实支付了25个基点的法定准备金和超额准备金（即银行系统为满足准备金要求或超过这些要求而在美联储持有的联邦资金存款）利息。在核心通胀率升至2.0%（美联储的目标）的长期情景下，如果经济增长为正，美联储可能会选择将联邦基金目标上调至与核心通胀率大致相等的水平。在这种情况下，美联储可能会上调准备金利率，以强制执行新的联邦基金目标利率。因此，美联储需要支付的3万亿美元法定和超额准备金的利息支出可能会增加600亿美元甚至更多。与此同时，美联储将从其所持有的较长期美国国债和抵押贷款证券中获得少量利息，持有的展期短期债券的利息也会小幅上升。因此，即使不考虑投资组合潜在的浮亏，账面成本也将大幅上升。然而，美联储会计会考虑这些未实现的损失，将其作为盈利的冲抵项，以便计算可用于购买国债的金额。换句话说，如果出现通胀压力，且美联储通过提高目标联邦基金利率来应对，且债券收益率在通胀压力下上升，那么美联储将缩减购债规模。

伯南克给出的指导意见是，美联储计划将长期证券持有到期，因此任何损失都将是未实现状态。未来的美联储领导层可能也会持同样的观点。此外，美联储甚至可以在不出售长期国债和MBS的情况下，自行决定以多快的速度缩减资产负债表。如上所述，当美联储开始提高目标联邦基金利率时，可能需要为超额准备金支付更高的利率，才能在市场上实现其新的目标利率。一旦美联储开始提高目标联邦基金利率，围绕退出QE的所有这些复杂问题将成为人们关注的焦点。

欧洲中央银行

2008年危机期间，欧洲央行的金融系统面临紧迫的流动性问题，随后在2011年和2012年主权债务危机期间，还不得不硬着头皮应对资本不足的银行系统所面临的额外压力。欧洲央行选择将资产负债表扩张的主要工作放在金融系统的流动性贷款上，以保持银行在主权债务危机中幸存的能力，而不那么强调直接购买主权债务（尽管也购买了部分债务）。对欧洲央行来说，最大的推动因素可能是其"不惜一切代价"的态度，即维持欧元作为欧盟货币区内各国的单一货币。毕竟，欧洲央行的初衷是明确充当欧元的央行，为银行提供流动性。欧洲央行的选择是向银行放贷，而不是像美联储那样从银行购买不良资产，欧洲的做法是典型的央行政策。作为最后贷款人，确保整个银行系统的安全和完整是中央银行的主要目的之一。值得注意的是，美联储是在1907年金融大恐慌之后于1913年成立的，因为当时美国没有中央银行，也没有办法向银行提供流动性，美联储的设立是为了防止几家银行的挤兑演变为整个系统的挤兑。美联储成立后的第一次重大危机始于1929年的股市崩盘，当时美联储完全没有完成使命，没有发挥最后贷款人的作用，任由股市崩盘导致银行体系和经济崩溃，最终导致了大萧条。但与欧洲央行不同的是，2008年金融危机爆发时，美联储主席伯南克选择购买不良资产，而不是发放紧急流动性贷款。

欧洲中央银行资产

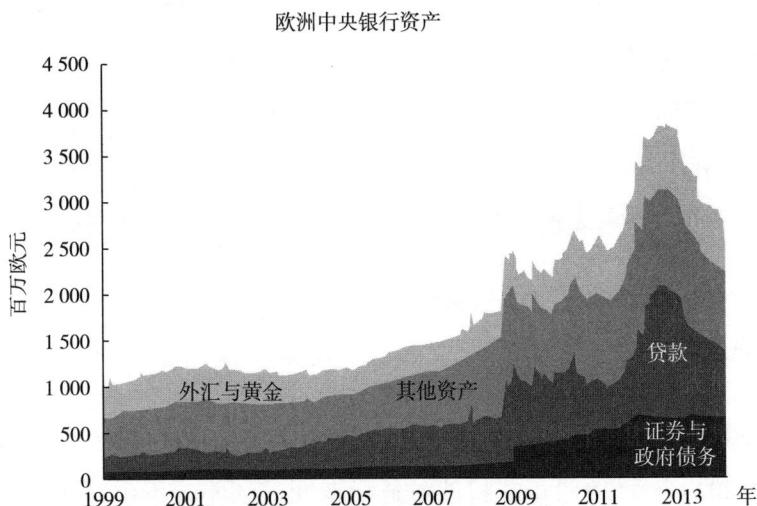

图15-7 欧洲中央银行资产

（资料来源：欧洲中央银行月度统计数据）

这两种方法既有相似亦有不同。购买资产会立即缩小金融机构的资产负债表规模，为它们提供现金，同时降低它们的资本需求。向银行放贷可以解决迫在眉睫的流动性问题，但不能减轻银行的不良资产负担，也不能减少它们的资产负债表和资本需求。也就是说，这两种方法都可以解决迫在眉睫的流动性危机，但对资产负债表规模和资本需求的影响不同。

我们的观点是，美联储在QE1中采取的做法，将1万亿美元的不良资产和风险敞口带出体系之外，有助于美国银行体系更快地复原，因为这也缩小了银行资产负债表的规模。欧洲央行提供低息定期流动性贷款的方法并未消除资产负债表上的不良资产，这使欧洲银行处于非常困难的资本金困局。这产生了经济上的后果，因为银行资本不足的时间越长，它们能够提供的新贷款就越少。而且，如果金融体系不能良好运转，各国经济就根本无法健康发展。

退出策略的影响也有所不同。随着银行恢复财务健康，即使需要更长时间，它们也能够偿还贷款，从而以相当自然的方式缩减央行的资产负债表，而且央行不存在潜在投资组合亏损的问题。欧洲央行在2013年就采用了这种做法。随着银行偿还紧急流动性贷款，欧洲央行的资产负债表开始急剧收缩。当然，偿还贷款的部分动机是欧洲央行在2014年下半年进行的银行压力测试。银行认为，如果能证明自己不需要紧急流动性贷款，它们在压力测试中的表现就会更好。因此，这些压力测试在2014年下半年起到了抑制银行放贷的作用，至少在欧洲央行公布结果之前是这样。

主权债务危机。欧洲主权债务危机的出现是2008年金融危机的后续，它的发生有两个历史渊源。首先，欧洲的银行往往持有大量主权债务，同时也是市政当局公共发展项目的贷款人。美国的情况并非如此，美国的银行并非美国联邦政府的主要资金来源，市政债券市场的发行主要用于为地方公共项目融资。欧洲银行扮演主权债务长期持有人的角色，将政府财政改革的需要与整个欧盟的银行系统改革紧密地联系在一起，使得危机变得复杂起来。

其次，在单一货币体系建立之初，为了吸引更多成员国加入欧元区，成员国一致认为，出于监管和信贷风险的考虑，欧盟任何主权国家的债务都将得到与欧盟其他国家同等的对待。也就是说，从经济较弱的欧盟国家那里囤积高收益主权债务组合时，不会出现资本减值。我们认为，如果说欧元从创始之初就带有先天缺陷，那并不是人们经常提到的缺乏共同财政政策；相反，正是由于欧盟缺乏通用的银行资本政策，因此无法对风险进行适当评估，或者有选择地对各国风险进行评估。

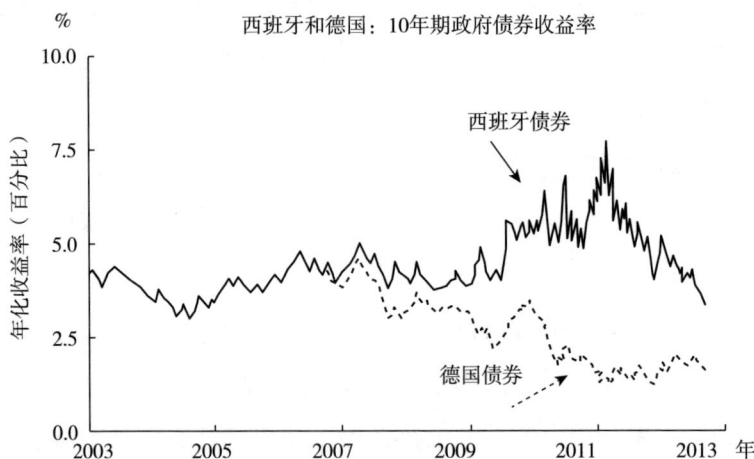

图15-8 西班牙和德国政府债券收益率

（资料来源：彭博专业版）

随着主权债务危机的恶化，其范围已远远超出希腊境内，欧洲央行不仅向陷入困境的国家的央行提供了贷款，还购买了一些较弱的主权债务证券，以稳定市场情绪。由于这本质上是一场政府财政危机，央行能做的十分有限。这项任务落在了欧盟各国财政部长的肩上，他们要制订计划，以便为这些国家纾困。此外，个别国家不得不采取非常严厉的财政紧缩措施以整顿金融秩序。在欧元区较弱国家实施严重的财政去杠杆化过程中，欧洲央行的主要工作重点是避免银行体系崩溃和稳定欧元。

我们还需要注意的是，欧洲央行购买的主权债务证券基本上都是价格低廉、收益率高的问题债券。因此，随着危机逐渐散去，在收益率下降、价格上涨的大背景下，欧洲央行大赚了一笔。

我们将在最后一节重新讨论这个话题，央行是在购买问题资产（这是当前问题的一部分），还是在购买金融体系中流动性最强、利率较低的资产（就像美联储在QE2、MEP和QE3计划中所做的那样），二者有很大的区别。

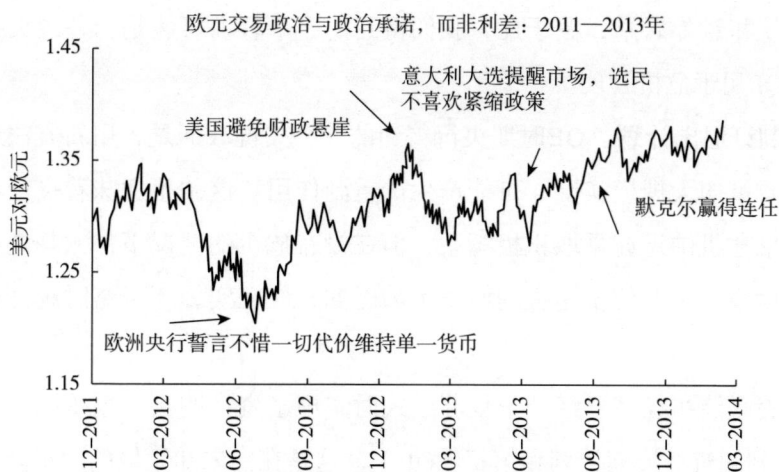

图15-9　欧元（美元对欧元）汇率

（资料来源：彭博专业版）

　　"不惜一切代价（保住欧元）"。 马里奥·德拉吉成为欧洲央行行长后不久，就向市场释放了一个著名的信息：欧洲央行将采取一切措施来保住欧元。此时，主权债务危机最严重的阶段已经过去，但市场仍然动荡不安。媒体和金融分析师经常猜测，希腊以及其他国家是否会退出欧元区。然而，欧元区并没有将任何一个国家踢出欧元区的协议。而且，可以说德国经济一直是欧元区的最大受益者之一，其隐含固定汇率消除了德国对其他欧盟国家出口的货币风险。无论如何，不惜一切代价的承诺是可信的，因此欧洲央行实际上并不需要做太多。德拉吉总统讲话后，欧元相对迅速地反弹并稳定下来。

吸取的教训（或许没有）？

　　坚持仅将QE用于危机管理。 人们普遍认为，第一轮QE很可能让全球在2008年9月爆发的金融危机之后免于经历另一次大萧条。相比之下，在经济增长已经恢复的情况下，美联储随后在QE采取的措施产生了明显的争议和意外后果，鉴于此，我们得到的一个教训可能是，各国央行只能将QE用于危机管理。

制订退出计划。 QE时期央行得到的一个关键教训是，用新方法进行货币政策的大规模实验，可能产生严重副作用。这并不意味着央行不应在金融危机中迅速采取积极行动，但在没有危机的情况下，尤其是在经济适度增长（即使不是强劲增长）的时期，应在实施新战略时制订退出计划。

美联储在经济已经处于复苏模式时实施了资产购买计划（即第二轮QE、到期资产展期计划和第三轮QE），这是在向未知领域的进军。美联储面临着极其复杂的退出问题，这很可能导致它推迟回归更为传统的短期利率政策，因为它面临着美国国会更为严格的监督，净利润的大幅下降和购债规模的缩减。相比之下，随着银行不断偿还贷款，欧洲央行使用定期流动性贷款具备自然的退出策略。

中央银行的损益。 另一个有趣的观察结果与QE计划所购买资产的性质以及央行投资亏损的可能性有关。在QE2、MEP和QE3，美联储购买美国国债和抵押贷款证券时，核心通胀率接近1%。如果美国经济实现美联储2%核心通胀率的长期目标以及2.5%核心通胀率的短期目标，那么债券收益率将上升，美联储投资组合将出现账面亏损。也就是说，根据美联储的商业计划，经济上的成功将意味着其购买债券的巨大投资组合产生损失。相比之下，由于欧洲央行主要使用定期流动性贷款，而且这些贷款会被偿还，因此欧洲央行不会产生投资组合损失。而且欧洲央行在购买资产时，倾向于在危机期间购买较弱的主权债务证券。因此，随着危机消退，欧洲央行持有的资产产生了可观利润。央行官员们面临的问题是，一个一旦取得经济成功就会产生损失的QE计划，是否值得为其可信度和政治独立性冒这个风险。

QE及其在帮助银行复苏中的作用。 在2008年末危机最严重时，美联储在QE1的政策选择是从金融体系中购买不良资产，然后将其留在系统外。可以说，美联储最初的QE计划让银行减少了资产负债表，降低了资本要求，恢复得更快，从而加速经济改善步伐。欧洲央行选择使用定期流动性贷款，这意味着它没有提供任何援助来帮助银行减少其资产负债表和满足其资本要求。因此，欧洲银行体系的复苏速度要慢得多，而且大大降低了其协助任何经济复苏的能力。

对于中央银行的未来，我们的最终评估是，2008年欧洲央行和美联储在遏制金融恐慌方面取得的成功，以及随后欧洲央行在欧洲主权债务危机期间成功稳定欧元的经验，足以证明未来进行危机管理的必要性。如果非要进行一个总结，那就是美联储和欧洲央行都可以回顾过去，并为没有让金融恐慌演变为旷日持久的深度萧条而深感庆幸。

第16章

泰勒规则：美联储双重目标的贝叶斯分析

Blu Putnam[①] 和 Samantha Azzarello[②]

编者按：本章的早期版本最初发表在2012年6月《金融经济学评论》第21卷。指导货币政策行为的一个著名的规则是"泰勒规则"。本研究采用贝叶斯动态估计方法来评估美联储货币政策的双重目标，即鼓励充分就业和维护物价稳定。与固定周期的回归分析相比，这种动态分析得出了一些令人惊讶的结论，并揭示了几十年来利率政策的演化模式。虽然这项研究的结论在利率接近于零的年份（2009—2016年）参考性不大，但随着美联储在2017—2018年对政策进行了调整，研究结论的相关性又有所恢复。

　　在1907年资金恐慌之后，美国国会采取行动，建立一家中央银行行使最终贷款人职责，防止银行挤兑演变为全面的金融危机。1913年，美联储应运而生，其章程要求该中央银行能够"保证货币的弹性"。章程开头几个字中的"弹性"一词意在强调需要建立一个稳健的银行体系，能够经受住冲击而不至于倒闭。当时并没有提及维护物价稳定和鼓励充分就业的双重目标，双重目标的概念出现在第二次世界大战之后，当时美国国会开始反思，美联储在20世纪30年代几乎完全废除了其制定的职责，而且未能按预期发挥其最后贷款人的作用。

---

① 免责声明：文中所举事例皆是对情况的假设性解读，旨在说明观点。这里表达的观点仅反映作者本人的观点，不一定反映其所在单位，即芝商所或其附属机构的观点。文中的信息不应被视为投资建议，亦不作为对实际市场情况的分析结论。

② 本文发表时，Samantha Azzarello就职于芝商所。

美国国会通过了《1946年就业法》，随后在1978年通过了《全面就业和平衡增长法》（也称为《汉弗莱—霍金斯全面就业法》）以及《联邦储备法》的其他修正案，这些法案和修正案逐步将物价稳定和充分就业的双重目标纳入法律。自20世纪50年代以来，早在1978年《汉弗莱—霍金斯法案》出台之前，美联储就高度参与美国经济管理，服务于抑制通货膨胀和鼓励充分就业的目标。

1933年，约翰·泰勒教授提出了一个优雅而简单的框架（又称泰勒规则），从双重目标的角度分析美联储的利率政策。我们的贝叶斯推断方法可以从复杂而精细的定量角度分析美联储对其双重目标的管理如何随着时间推移而发生改变，以及美联储如何应对其面临的不同经济挑战。

我们的实证结果说明了以下几个观点：

- 我们使用的贝叶斯方法大体上能够证实，美联储或多或少按照最初泰勒规则的建议，积极关注通货膨胀和充分就业的双重目标之间的平衡。

- 美联储通常更重视产出和就业数据，而不是通胀数据。然而我们认为，这是因为美联储的集体智慧似乎将其对产出和就业的预测作为决定其预测未来通胀率是上升或是下降的关键依据。将对通胀的预测建立在对产出/就业的预测之上，这一做法使得估计技术变得更为复杂了，因为目前的估计方法假定产出与通胀因素两者间是相互独立的，然而实际上可能并非如此。

- 我们还注意到，过去似乎有过美联储尤为关注通胀压力的短暂时期。20世纪60年代末以及1979年至1982年这两个时间段非常有意思，因为在这些时期，美联储很可能宁愿冒着经济衰退的风险，也要更好地控制通货膨胀。同样，在2008年金融危机后的一段时间，美联储采取了行动，其用意是避免通缩，甚至意在鼓励更大幅度的通胀。

- 通过使用贝叶斯动态线性建模方法，使得观察和解释这些细微差别成为可能。该方法将 β 系数视为时变参数，随时间发展对其进行估计。相较于标准回归分析技术，这种贝叶斯方法可以对美联储的利率决策过程进行更为复杂和丰富的解释，因为标准回归分析技术首先就假定不存在随时间变化的 β 系数。

本章分为5个小节。第1节简要概述了泰勒规则的相关文献，并列出了传统泰勒规则，这一规则描述了美联储如何设定其利率政策，以实现其稳定物价和充分就业的双重目标。第2节重点介绍了我们如何构建经验分析的等式，并描述了研究中使用的数据。第3节回答了为什么我们决定应用贝叶斯推断方法并选择更为领先的动态线性建模过程的问题。第4节介绍了我们的研究结论并对其进行了解读。第5节对全文进行了总结，并就美联储的决策在未来十年可能发生的变化提出了一些看法，同时指出了未来研究的可能路径。

经济学文献中的传统泰勒规则

泰勒规则最初是由泰勒（1993，1993）[①]提出的，后来泰勒自己（1994，1996）[②]又对其进行了修改。虽然泰勒规则的修改后的样式很有趣，但最初的表述式实际上已经为分析如何实施短期利率政策提供了一

---

① Taylor，J.，1993，"实践中的自由裁量权与政策规则"，卡内基-罗彻斯特公共政策系列，North Holland，第39卷，第195-214页。以及 Taylor，J.，1993，"新宏观经济学在政策制定中的应用"，《美国经济评论》，论文和会议录，83（2），1993年5月，第300-305页。

② Taylor，J.，1994，"重新审视通货膨胀-产出可变性权衡"，Jeffrey Fuhrer（编辑）货币政策制定者面临的目标、准则和限制，波士顿联邦储备银行。以及 Taylor，J.，"政策规则作为更有效的货币政策的手段"，《货币和经济研究》，日本央行，14（1），1996年7月，第28-39页。

个极为清晰的框架，以实现促进物价稳定和鼓励充分就业的双重目标之间的权衡。传统泰勒规则表述如下：

（等式1）目标联邦基金利率=实际通胀率−短期实际利率假设 + 0.5*（实际通胀率−理想通胀率）+0.5*（产出缺口百分比）

通过泰勒规则，人们可以将泰勒规则所隐含的目标联邦基金利率与短期货币市场上长期使用的有效联邦基金利率进行比较（见图16-1）。

作为分析美联储双重目标间权衡的框架工具，可能没有比泰勒规则这样一个广为人知的简单等式更加好用的了。事实上，有关泰勒规则的研究浩如烟海，包括Woodford（2001）[①]、Smets（2002）[②]以及 Orphanides（2003）[③]，上述文献参考引用了更多此前进行的研究。

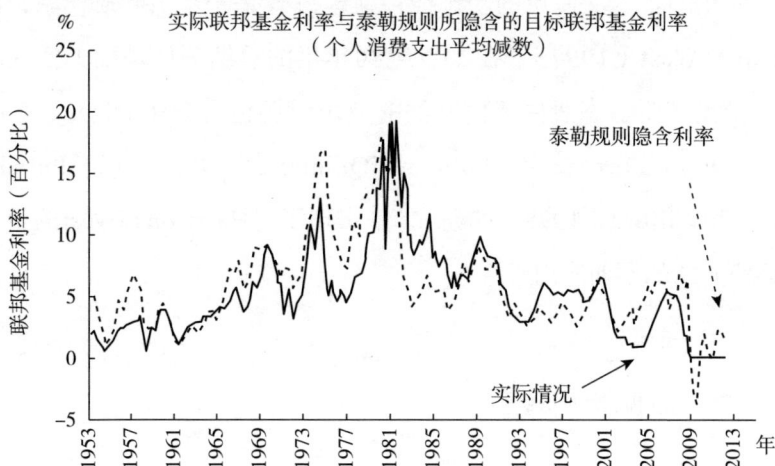

图16-1　实际联邦基金利率和泰勒规则

（资料来源：美联储圣路易斯分行FRED数据库，由芝商所经济研究所计算得出）

---

① Woodford, M.（2001），"泰勒规则与最优货币政策"，《美国经济评论》，91（2），第 232-237页。

② Smets, F.（2002），"产出缺口的不确定性：对泰勒规则有影响吗？，《实证经济学》，27 （1），第113-129页。

③ Orphanides, A.（2003），"历史货币政策分析和泰勒规则《货币经济学杂志》，50（5），第983-1022页。

从经济学文献中得到的确凿信息是，泰勒规则是分析美联储利率政策决定的一个很好的出发点，基于该模型，可进一步分析美联储如何衡量和监控这些数据，从而为其政策决定提供信息依据。例如，在充分就业方面，美联储是更注重就业数据、失业数据，还是产出缺口数据？在通胀方面，数据监测问题主要围绕个人消费支出平均减数、不包含能源和食品的核心消费价格或范围更广的消费价格指数展开。泰勒规则也有不同的表述形式，通过观察就业或通货膨胀趋势的变化，为传统方程增加更多信息和细微差别。

文献中并未提及的是一种动态估计方法，这种方法允许人们分析美联储对泰勒规则的遵守情况是如何随着时间推移或响应不同的经济条件而不断变化的。本文使用的动态线性建模方式是一步贝叶斯模型，源自Harrison和West（1997）[1]在20世纪80年代的早期工作基础上建立的模型。一步贝叶斯动态线性建模方法的应用示例包含在Harrison，Pole和West（1994）的研究[2]中。Putnam和Quintana（1994）[3]以及Putnam，Quintana和Wilford（1998）的研究[4]中出现了对Harrison和West的贝叶斯金融建模方法的早期应用。

估计方程、数据源和转换

我们使用泰勒规则框架分析美联储行为，第一个估计等式是简单地

---

[1] Harrison，J. & West，M.，1997，"贝叶斯预测与动态模型"，纽约，Springer-Verlag。

[2] Harrison，J. & Pole，A. & West，M.，1994年，"应用贝叶斯预测和时间序列分析"，纽约：Chapman和Hall。

[3] Putnam，B.，Quintana，J.& Wilford，S.，1998年"估算和评估汇率决定模型的新贝叶斯统计方法"，美国统计协会年会论文集，84，贝叶斯统计科学部分，多伦多，1999年。

[4] Putnam，B.，Quintana，J.& Wilford，S.，1998年，"共同基金和养老基金管理：使用全球贝叶斯投资策略击败市场"，美国统计协会98会论文集，贝叶斯统计科学部分，得克萨斯州达拉斯。

将传统泰勒规则（等式1）隐含的联邦基金利率与观察到的有效联邦基金利率进行比较。我们的初始估算方程如下所示：

（等式2）联邦基金利率水平 = β（1）* 传统泰勒规则目标联邦基金利率 + 误差项

虽然这一基本估计方程产生了如下文所述的一些有趣结论，但我们还是希望按照美联储双重目标，将泰勒规则框架分解为物价稳定和充分就业两个部分。具体来说，分解后的估计方程如下所示：

（等式3）调整后联邦基金利率水平 = β（0）* 常数 + β（1）*（实际通胀率−目标通胀率）+ β（2）*（产出缺口）+误差项

其中，调整后联邦基金利率水平 = 实际联邦基金利率水平 − 实际通胀率 + 短期实际利率假设。这种调整使我们回到原来的泰勒规则等式，这样我们就可以评估 β（1）和 β（2）的估计值是否稳定并接近泰勒规则下的0.5期望值，或者研究它们随时间发生的变化。

最后一个等式关注为美联储提供通胀和就业趋势如何演变（比如使美联储更接近其目标还是远离这些目标）的相关信息的短期数据是否能进一步影响利率决策过程。我们选择研究的估计等式如下：

（等式4）（根据传统泰勒规则）调整后的联邦基金利率6个月变化 = β（0）* 常数 + β（1）*（6个月通胀变化，按同比利率衡量，滞后2个月）+ β（2）*（6个月就业增长变化，滞后2个月）+误差项

我们使用上述3个估计方程分析下列研究问题：

- 实际联邦基金利率如何跟踪传统泰勒规则的隐含目标利率？
- 通过将泰勒规则分解为通货膨胀和就业部分，可以对美联储重视的双重目标有哪些额外的解读？
- 最后，对近期通胀和就业数据趋势的研究是否能进一步加深我们对美联储利率决策过程的理解？

我们对数据的选择尤为重要。在可能的情况下，我们更倾向于使用美

联储关注的数据。此外，在贝叶斯下一步框架中，我们希望尽可能多地查看美联储在利率决策时可获取的数据。在适当的情况下，我们使用两个月的滞后时间作为估计等式中的解释因素，以近似地获取可用的信息标准。这并不是说我们要试图回到过去，将数据恢复到后续修订之前的最初发布时的水平，因为这超出了本研究的范围。我们认为整体而言，修订后的数据并不一定意味着数据存在偏差，也不会改变我们观察到的数据波动性，因此我们也不认为使用本研究发布时已修改的经济数据存在实质性问题。

对于稳定物价的目标，我们选择使用基于个人消费支出（PCE）平减指数的通胀数据。随着时间推移，不同的通胀衡量标准差别不大。然而，使用PCE平减物价指数的目标规则的波动性较使用消费者价格的目标规则的波动性稍小，使用剔除能源和食品价格的核心通胀数据也可以降低隐含的泰勒规则目标联邦基金利率的波动性。为了避免出现虚假的价格数据，美联储通常倾向于使用PCE平减指数或核心CPI。然而对于这项研究而言，通胀数据的选择并不重要。

对于传统泰勒规则的短期实际利率假设，我们将假设的短期实际利率解读为相对于滞后通货膨胀率的联邦基金利率在一段时间内的平均期望目标利差。这样进行解读的理由是，在整个商业周期中，它应该与经济的平均实际资本回报率这一概念联系起来。资本平均实际回报率可能受到时间的影响，因此短期实际回报率应该低于长期实际回报率。我们假设短期实际利率为2%，如果这一假设与事实相去甚远，它将被视为与常数（或贝叶斯世界中的漂移项）相关联的正或负估计系数。

我们对预期通胀所需假设的解释可以追溯到20世纪50年代。Milton Friedman教授当时认为，由于价格和工资不易向下调整，长期目标通胀率应该在2%左右，而不是零（或绝对价格稳定）[1]。我们注意

---

① Friedman，Milton，1969年，最佳货币供应量，Macmillan。

到，2%的目标通胀率或与之接近的水平是大多数主要工业国家的典型长期平均通胀目标。我们在这里遵循这一惯例，如果这一假设偏离了目标，我们可以将其视为与常数（或贝叶斯世界中的漂移项）相关的正或负估计系数。此外，尽管2%的目标通胀率对于美国等成熟工业国家来说似乎是合理的，但我们强烈警告不要将2%的通胀目标用于充满活力的新兴市场国家。随着这些国家中产阶级队伍的不断壮大，考虑到经济发展到一定阶段可能出现的摩擦，目标通胀率或许应该设定得更高（比如5%）。

对于实际GDP产出缺口，我们使用实际GDP与潜在实际GDP之间的百分点差异，或对数差异来计算，其中产出缺口= ln（实际GDP）−ln（潜在实际GDP）。泰勒教授在他的初步研究中建议，潜在实际GDP应该用基于平均或分布滞后过程的时间趋势来估计。最近的研究使用了美国国会预算办公室（CBO）提供的潜在实际GDP估算值，我们遵循这一惯例，并使用CBO估计的潜在实际GDP。对于我们目前正在研究的历史时期而言，产出缺口的计算方式似乎并不太重要，但正如我们稍后将强调的那样，未来可能并非如此。我们预计未来将出现更多争议的原因是，一些市场分析师认为，2000年至2010年期间潜在实际GDP的长期平均增长率低于CBO提出的增长率，而且随着劳动力增长的减少和劳动力老龄化，潜在GDP的放缓幅度也高于CBO的预期。

我们还研究了是否应该使用就业或产出缺口数据的问题。为了遵守传统泰勒规则的公式，我们在估计方程中使用产出缺口数据来确定目标联邦基金利率的水平，并根据美联储的双重目标将其分解为两个部分。对于最后一个侧重于近期数据趋势的估计方程，我们转而使用就业数据。美国的就业数据通常在新月份的第一个星期五发布，以反映前一个月的就业情况。众所周知，每月公布的就业数据受到市场和美联储的关注，因为它往往是第一个对外公开的经济活动指标，揭示了前一个月的情况。

我们将时间频率确定为每月一次。在每季度发布数据的情况下，我们生成了月度插值，保留了原始数据系列的季度平均值。使用月度数据可以更好地与美联储每年召开8次联邦公开市场委员会（FOMC）会议的时间安排相匹配。此外，如有需要，美联储可能会在两次预定会议之间加开会议，因此一年大约有8~10次会议，频率更接近于每月一次，而不是每季度一次。

我们的月度数据集始于1953年。下一步的贝叶斯动态线性模型需要几个周期来完成自我校准，因为我们启动下一步的过程，估计的 β 系数的原始先验为0，方差的先验为10 000。也就是说，我们在开始时一无所知，让模型自我学习，这个过程会进行得非常快。

本研究中使用的所有数据均来自圣路易斯联邦储备银行的"FRED"数据库。

为什么使用贝叶斯方法?

在说明我们的估计结果之前，我们想讨论一下为什么在研究美联储的利率决策过程时，贝叶斯推断过程似乎是一个合适的统计工具。本质上，贝叶斯推理中的思维过程似乎遵循许多金融从业者都会使用的步骤。首先，我们根据现有的信息/理论提出假设，并评估自己对预测的信心。接着，在接收到新信息后，这些信息被用来验证先前的假设是否有误。新信息包括与对预测很重要的因素有关的新数据，以及对预测数据的实际观察，从而可以确定误差。最后，有了新的信息，我们可以用贝叶斯定理作为更新先验的过程的一部分。也就是说，人们修正旧的假设，并提出新的假设、新的预测和新的信心评估，这三个步骤不断重复。贝叶斯更新过程的性质及其在经济学和金融学中的直观吸引力由来已久，其中一部分是由Zellner的研究（1980，1997）[①]开创的。

贝叶斯动态线性建模（DLM）过程假设解释因子的 β 系数估计值是时变参数。我们认为这个假设是合适的，事实上，这正是我们想要回答的研究问题的一部分。如果像标准的最小二乘回归方法那样，假设在研究的整个时间周期内， β 系数有一个固定的真实值，那么就排除了时变参数的可能性。我们对美联储的历史分析无疑让我们相信，随着时间的推移，适用于稳定物价和充分就业的相对权重发生了一些重要变化。因此，标准回归不是分析这个问题的恰当的统计工具，除非我们能够提供有关稳定的 β 系数的证据，正如我们将要讨论的，我们的研究没有发现上述证据。

贝叶斯DLM中的常数项有时被称为漂移项，它在考虑解释因素后对剩余动量进行测量。标准回归方程可以包含常数项，也可以省略掉。在贝叶斯DLM框架中我们也可以选择是否要包含常数项，尽管具体规定略有不同。估计方程中可以包含 β （0） *常数，也可以不包含。常数由1的向量（或每个观测周期的某个其他固定的非零数）表示，然后随着接收到的新信息和参数估计发生的变化， β （0） 随时间而发生变化，动态地对时变漂移项进行估计。从某种意义上说，贝叶斯漂移项是对我们无法了解的情况的一种衡量。远高于或远低于零的估计值意味着解释因素遗漏了一些重要内容，并且可能遗漏的因素或者现有因素和因变量之间的关系是非线性的。

贝叶斯DLM系统还使我们能够对数据中的信息价值进行时间衰减，也就是说，在标准回归方程中，每个观测值在估计固定参数值时具有相同的权重。在下一步的贝叶斯DLM过程中，我们可以将信息随时间

① Zellner，A.，1980年，1997年修订，计量经济学和统计学中的贝叶斯分析。原版本由North Holland于1980年出版，修订版由 Edward Elgar于1997年出版，并附有一些补充材料。

指数衰减，使得与旧数据相比，更新的信息对时变参数估计的影响更大。在这项研究中，我们假设每月数据的时间衰减参数为0.985，这或多或少相当于5~6年的观测值，赋予新信息比旧信息更重的加权。当我们研究递增或递减的时间衰减参数时，我们判断5~6年的加权观测值适用于这项研究。未来的研究可能希望更详细地探讨贝叶斯过程的这一方面。[1]

　　动态估计过程每次增加一个数据周期，并使用贝叶斯定理在每个步骤中修正其对每个时变参数的估计。对于每个观察周期，我们得到估计方程中每个 β 系数的估计值，以及估计 β 系数的标准误差或置信区间。正如估计的 β 系数随时间变化一样，其标准误差也随时间变化，这使得估计结果的呈现与标准回归非常不同。对于每个估计的 β 系数，我们不看R方甚至也不看T值。相反，我们绘制图表标识时变 β 系数估计值的演变，并且在适当的情况下，我们绘制围绕估计值上下波动的置信区间的上下限。在这项研究中，我们选择绘制一个标准差的置信区间。人们可以非常容易地从图中观察到随着时间的变化， β 估计值的置信度增加或降低的过程（即统计显著性）。

经验结果与解读

　　如前所述，我们将估计3个方程。首先，我们从实际联邦基金利率与传统泰勒规则确定的目标利率的一致性问题入手。其次，我们将泰勒规则分解成若干部分，以深入观察其内部结构。最后，我们研究了短期数据的趋势变化，观察其可能对美联储的利率设定决策过程产生什么

---

[1] 编者按：有一个用于贝叶斯动态线性建模的R包："DLM：用于动态线性模型贝叶斯分析的R包"，作者：Giovanni Petris教授，阿肯色大学，Fayetteville AR，2009-01-14。这项研究的作者为他们的贝叶斯动态线性建模开发了自己的R代码，以纳入时间衰减参数。

影响。

　　实际联邦利率与泰勒规则的关系。 首先我们从方程2开始，分析有效联邦基金利率与传统泰勒规则所隐含的目标联邦基金之间遵守模式的演变。该估计等式不包含常数或贝叶斯漂移项，因为我们只关注与隐含联邦基金利率相关的估计 β 系数。估计 β 系数为正表明有效联邦基金利率和泰勒规则完全一致，估计 β 系数为正但小于1表明泰勒规则的遵循有所削弱，而估计 β 系数大于1则表明泰勒规则的遵循得到了强化。

　　从图16-2中可以看出，在1954年至2012年3月期间，对泰勒规则的遵守估计 β 系数在+0.4至+1.4之间，这与我们从图16-1中对实际与期望联邦基金利率的观察高度一致。

　　更有趣的是，我们可以通过贝叶斯更新跟踪估计 β 系数的演变过程。20世纪50年代至60年代，对泰勒规则的遵守程度有所增加，估计 β 系数移动到0.8的范围内，置信区间相对狭窄（图16-2中包含一个标准误差区间）。20世纪70年代，随着石油输出国组织推动的原油价格首次飙升扰乱了通胀、产出和美联储的政策决策，估计系数出现了下降。1979年8月，时任总统吉米·卡特任命保罗·沃尔克为美联储主席，从那时起到20世纪80年代，我们可以观察到估计系数明显上升，在当时的一段时间内，估计系数一直稳定在1左右，即几乎完全符合泰勒规则。

　　1987年8月，时任总统罗纳德·里根任命艾伦·格林斯潘（Alan Greensnpan）为美联储主席，直到20世纪90年代后半期，美联储开始关注股市的"非理性繁荣"，这反映在泰勒规则的放大上，估计系数一度上升至1.4。2000年，股市（尤其是高科技公司）发生的"科技股崩盘"，以及随后2001年9月11日美国遭受的恐怖袭击，让位于泰勒规则所建议的宽松得多的政策。估算的 β 系数暴跌至+0.6，并且没有回归之前的上升趋势，直到美联储放弃1%的紧急联邦基金利率，并在2005—2006年开始逐步提高利率，β 系数的下降趋势才得以扭转。

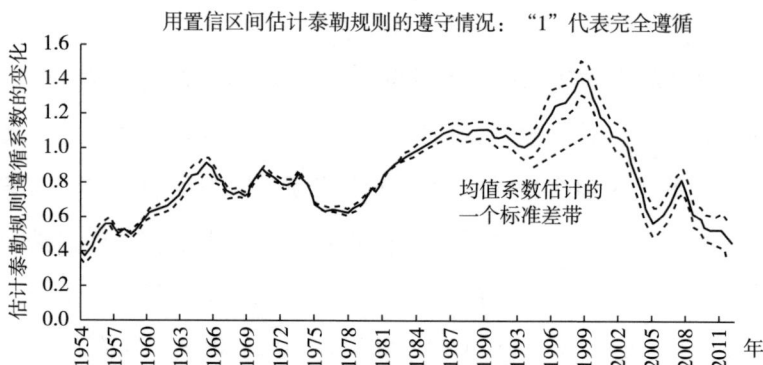

图16-2 对泰勒规则的遵守

（资料来源：美联储圣路易斯分行FRED数据库，CME经济研究的贝叶斯动态线性模型估计）

2006年，美国总统乔治·W.布什任命为美联储主席。在2008年9月美联储和美国财政部对雷曼兄弟破产案和美国国际集团（AIG）纾困案的处理引发局部金融恐慌之前，人们对β系数的估计一直在向+0.8移动。随着联邦基金利率降至接近0的水平并一直维持稳定，估计的β系数也随之向0.4的低值滑落。此外人们可以观察到，与估计的β系数相关的标准误差在2008年开始的金融危机之后显著扩大。总的来说，早期的标准误差较小，而格林斯潘和伯南克时期的标准误差较大。

对产生更大标准误差的一种可能解释是，美联储在决定其利率政策时，考虑的因素不仅仅是通胀和产出。当然，格林斯潘-伯南克时代也发生了一些动荡事件，比如1987年10月的股市崩盘、1990—1992年的存贷危机、1998年夏LTCM对冲基金（长期资本管理）公司的倒闭、1999—2000年科技股的崩盘、2001年"9·11"恐怖袭击、2007年的次贷危机，以及2008年9月的金融危机。我们也可以为此前的时期列出一长串的清单，但似乎格林斯潘—伯南克时期比以前更可能受到特殊事件的影响。

泰勒规则的贝叶斯分解。我们现在来看图16-3，对通货膨胀和经济增长的相对影响进行贝叶斯分解。在对等式3的估计过程中，根据原始泰勒规则公式的规定，我们获得了与一个常数项、实际通货膨胀率和预期通货膨胀率之间的利差以及产出缺口相关的 β 系数的估计。

与基于泰勒规则的目标联邦基金利率与实际联邦基金利率相比，图16-2相对简单，但考虑到分解估计方程中估计系数的相对不稳定性，显然此处有值得深挖的研究价值。在该估计方程中，遵守泰勒规则意味着常数项（即贝叶斯漂移项）的估计 β 系数为0。而且，如果严格遵循泰勒规则，我们会发现通胀和产出缺口系数的估计 β 系数均为0.5。

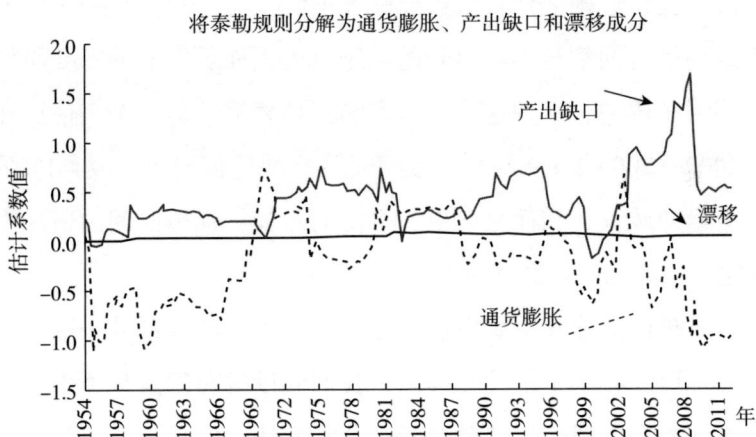

图16-3 泰勒规则分解

（资料来源：美联储圣路易斯分行FRED数据库，CEM经济研究的贝叶斯动态线性模型估计）

我们观察到贝叶斯漂移项在0上下浮动，我们或许能据此判断，此前对实际利率和长期通胀目标的假设或多或少是有据可依的，也没有遗漏任何主要的其他因素。

产出缺口上的估计 β 系数通常为正，且围绕泰勒规则设置的0.5系数上下范围内变化。在若干个时间段内，估计系数向0移动。在沃尔克任美联储主席并收紧货币政策期间，以及随后的1980—1982年衰退期间，贝叶斯分解表明，在短期内抑制通胀是唯一的目标，美联储将衰退视为给通胀降温所需采取的措施之一。在1998—1999年科技股暴涨时期，产出缺口也不太重要，因为格林斯潘似乎担心经济过热的可能性，其依据是股市表现而不是实际产出差距数据。2003—2007年期间也很有意思，因为产出缺口的估计β系数远高于0.5，表明美联储对经济增长的特别关注。不过总的来说，产出缺口估计系数的演变与美联储相当关注的产出相关数据（包括就业数据和其他经济活动指标）大体一致。

然而，对通货膨胀估计系数的解释要复杂得多。在大多数情况下，估计通货膨胀系数是负数，而不是原始泰勒规则中规定的+0.5。不过，有一些关键时期，通胀估计β系数会进入正值区间。20世纪60年代末和80年代初这两个时期都与不断上升的通胀有关，而美联储的首要愿望就是应对这些通胀压力，哪怕这意味着可能出现衰退。另一个正估计β系数出现在2002—2004年期间，当时美联储正在决定何时可以放弃1%的联邦基金利率紧急政策，转而采取更加平衡的政策，那段时间的通胀模式似乎是决定再次加息的关键驱动力。

当产出缺口估计β系数为正值时，对通胀估计β系数一般为负值的解释更为细致。在一个估计方程中，我们假设解释因素是外生变量，而不是相互依赖的。我们对美联储经济分析方法的解释是，美联储通常认为负产出缺口与通胀下降有关，而正产出缺口表明经济可能过热，并与通胀上升有关。这意味着产出缺口是美联储决策中更重要的因素，因为产出预测也决定了通胀可能上升还是下降的预测。因此，只有当美联储专注于抑制其感知到的通胀压力，并愿意冒险承担（甚至引发）经济衰退时，通胀的估计β系数才会进入正值区间。

事实上，2009—2011年进一步强化了上述解读，因为美联储在2008年金融危机后的当务之急是干脆进一步采取了更宽松的货币政策，以免承担经济再次陷入衰退的不必要风险。在此期间，我们看到通货膨胀估计β系数降至负1，表明美联储要么害怕通货紧缩，要么积极预期出现通货膨胀。

贝叶斯分解表明，美联储的决策过程在表面上看起来大致遵循泰勒规则（见图16-1和图16-2），但在最终利率决策的背后隐藏着一个复杂得多的决策过程。这一观察为研究指明了方向，即当产出被认为（无论是否正确）决定了未来通胀的加速或减速时，可以更全面地探索通胀与产出之间的取舍权衡。

不断变化的短期数据趋势。 从联邦公开市场委员会（FOMC）的会议记录和美联储在FOMC会议后发布的新闻稿中可以看出，有大量证据表明美联储一直在积极关注美国经济的短期趋势，因此政策也受到其影响。鉴于对泰勒规则的双重目标框架的关注，我们决定使用贝叶斯方法来研究六个月的通货膨胀和就业趋势如何影响利率决策过程（见图16-4）。

与6个月同比通胀和就业数据变化相关的美联储利率决策

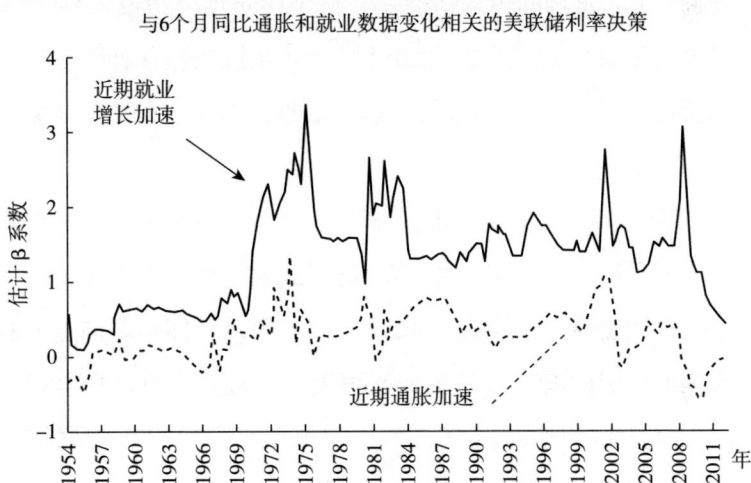

图16-4　美联储利率决策、通货膨胀与就业

（资料来源：美联储圣路易斯分行FRED数据库，CEM经济研究的贝叶斯动态线性模型估计）

我们之前推导出的估算等式4，是在上一节中使用的估算公式的一阶差分（first differences）形式。因变量不再与联邦基金利率的水平有关，而是与其6个月的变化有关。对于产出方面的数据，我们不再使用原始泰勒规则的产出缺口数据，转而使用6个月就业数据的同比一阶差分，这是密切观察美联储风向的华尔街人士最为关注的公开数据之一。就业数据通常在当月的第一个周五公布，因此就业数据成为当月的第一个经济指标。就通胀而言，我们使用的是6个月个人开支平减物价指数的一阶差分。两个解释因素都滞后了两个月，与FOMC会议时美联储可获得的信息大致相同，尽管这些会议在每月的不同时间举行，因此我们的两个月滞后主要是为了避免使用"未来"信息。

如果美联储的利率决策路径或多或少地遵循泰勒规则，那么我们预期通货膨胀率的6个月变化（一阶差分）和就业的6个月变化（一阶差分）的估计β系数都将为正。

上述对6个月趋势数据变化的动态估计证实了，就业是与美联储政策决策相关的一个非常好的短期指标。在整个1954年至2012年3月期间，估计的就业数据β系数为正值，自20世纪70年代以来，估计的β系数一直高于1，直到2008年出现金融危机、美联储退出量化宽松政策（资产负债表扩张）。

转而使用6个月一阶差分估计等式后，在分析期间的大部分时间内，通胀的估计β系数均为正值。然而，我们认为与通胀因素相比，就业因素的估计β系数更高，这支持了我们此前的解释，即美联储通常利用其对就业或产出状况的看法来预测通胀可能下降还是上升。解释因素与就业或产出因素的这种相互依存关系更为重要，这是分析美联储双重目标的一个关键的复杂因素，值得进一步研究。也就是说，我们认为，能从商业周期的角度对通胀进行预测，似乎是美联储认为就业因素比通胀因素更重要的原因，而不是美联储认为其通胀目标不如其充分就业目标重要。

2008年金融危机之后，在2009年至2012年3月期间，上述两个估计β系数都开始趋向于零。一旦美联储在2008年底紧急将联邦基金利率调整到接近于零的水平，并启动所谓的量化宽松（即大规模资产负债表扩张）计划，由于因变量在金融危机后基本持平，联邦基金利率之间的相关性实际上就降至零。贝叶斯DLM方法的一个非常好的特点是，根据选定的时间衰减参数的不同，人们可以观察到这种类型的变化。要想通过标准回归技术看到同样的效果，就必须将各个时间段分开，因为在使用回归方法进行的分析中，每个观察值的权重相等。

2008年金融危机回顾

展望未来①，我们相信后金融危机时期将会对那些试图理解美联储利率决策过程的人带来两大研究挑战。此外，这两个挑战都可能削弱泰勒规则框架的适用，或者至少使其变得非常复杂。这两个挑战是：第一，美联储资产负债表的扩大是否会影响其利率决策过程；第二，CBO对未来潜在实际GDP增长路径的估计是否会变得更有争议，从而使产出缺口成为信息量较少的经济指标。

美联储资产负债表的挑战。在2008—2009年金融危机期间，泰勒规则表明短期利率须为负值。如图16-5所示，作为其应对金融混乱的措施之一，美联储将联邦基金利率降至接近零的水平，然后进一步大幅扩大其资产负债表（量化宽松）。随着经济企稳，产出开始再次扩大，泰勒规则对利率的指导又回到了正区间。使用原始泰勒规则（等式1），到2012年3月，也就是这组数据结束时，泰勒规则建议联邦基金利率为1.5%，而美联储仍将利率保持在接近零的水平，并表明可能会在2014年底之前一直维持该利率水平。

---

① 编者按：作者写作的时间点时是2012年春天，展望未来也基于这个时间点。

联邦储备系统资产：万亿美元

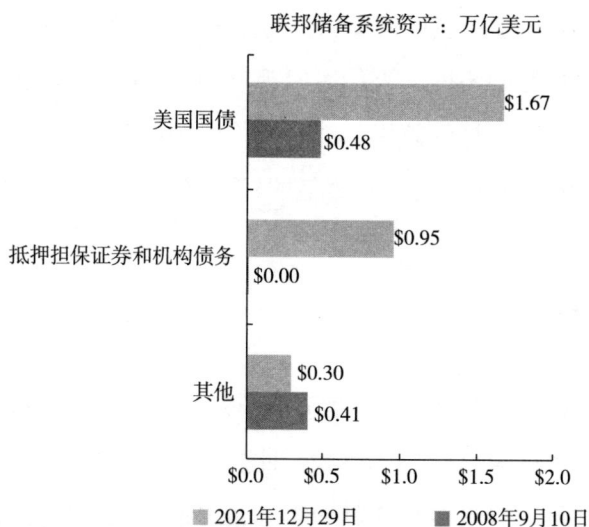

美国国债 $1.67 / $0.48

抵押担保证券和机构债务 $0.95 / $0.00

其他 $0.30 / $0.41

$0.0 $0.5 $1.0 $1.5 $2.0

■ 2021年12月29日   ■ 2008年9月10日

图16-5　美联储资产

（资料来源：美联储2008年9月10日和2011年12月29日H.4.1报告）

　　我们认为，美联储不愿加息的一个不愿公之于众的原因是，它不希望就业增长是脆弱的，也不愿认定经济增长不一定是可持续的。可以理解的是，美联储对美国的财政政策和2010—2011年欧洲主权债务危机感到担忧，而这两个问题在2012年仍然影响着市场。

　　在2012年以后的未来，即使是在实际GDP正增长和就业增长的时期，我们认为联邦基金利率决策很可能会受到如何放松量化宽松的决定的重大影响。一旦联邦基金利率超过2%，且美联储1.5万亿美元的美国国债投资组合中有很大一部分资金处于亏损或融资成本高于收益的状态（假设美联储在决定提高目标联邦基金利率的同时，提高其支付给超额准备金的利率），这一点对美联储来说将变得尤为关键。

　　劳动力增长不足带来了额外的挑战。如图16-6所示，美国人口正在老龄化，劳动力增长速度比过去更慢。此外，美国的移民政策也在不断变化，新兴市场的崛起和这些国家中产阶级的崛起也可能减缓未来的移民速度。

图16-6　居民劳动力的增长

（资料来源：居民劳动力数据来自美联储圣路易斯分行FRED数据库）

　　劳动力增长非常缓慢或停滞的国家不太可能像劳动力更年轻、增长更快的国家那样，公布其长期平均经济增长率。也就是说，展望未来，美国长期平均经济增长率可能会放缓。CBO在对潜在产出进行估计时十分重视这一结论，并至少部分将其纳入考量。

　　但未来还有更多潜在的争议。20世纪90年代的科技热潮和2001—2004年格林斯潘领导的美联储的低利率政策（这两项政策都有助于促进经济增长和房地产繁荣）把许多劳动者吸引到了原本无法正常工作的劳动力队伍中，从而掩盖了人口的缓慢增长，这是一个合理的解释。这意味着，CBO在1995—2007年期间有可能高估了充分就业的均衡劳动力，而且高估的程度也很大。考虑到人口和劳动力增长率下降、移民减少以及美国人口老龄化，未来劳动力增长放缓的速度可能超过预期。对潜在实际GDP估计数的影响是，CBO可能需要降低这些估计值，包括向前追溯下调1995—2012年的数据，以及向后前瞻下调2012—2020年的数据。

结论

综上所述，我们使用泰勒规则框架对美联储的利率决策过程进行了研究，并建立了下一步贝叶斯动态线性模型，为美联储广泛遵循传统泰勒规则所建议的抑制通胀和经济增长的双重目标之间的权衡提供了一些支持性证据。然而，当我们更深入地研究决策在不同经济背景下的演变时，需要考虑一些重要的细微差别。

具体而言，我们对结果的解释表明，美联储通常更重视产出和就业数据，而不是通胀数据。然而我们认为，这是因为美联储的集体智慧似乎将其对产出和就业的预测作为决定其预测未来通胀率是上升或是下降的关键依据。将对通胀的预测建立在对产出/就业的预测之上，这一做法使得估计技术变得更为复杂了，因为目前的估计方法假定产出与通胀因素两者间是相互独立的，然而实际上可能并非如此。

我们还注意到，过去似乎有过美联储尤为关注通胀压力的短暂时期。20世纪60年代末以及1979年至1982年这两个时间段非常有意思，因为在这些时期，美联储很可能宁愿冒着经济衰退的风险，也要更好地控制通货膨胀。同样，在2008年金融危机后的一段时间，美联储采取了行动，要么是担心出现通缩，要么是意在鼓励更大幅度的通胀。

通过使用贝叶斯动态线性建模方法，使得观察和解释这些细微差别成为可能。该方法将 β 系数视为时变参数，随时间发展对其进行估计。相较于标准回归分析技术，这种贝叶斯方法可以对美联储的利率决策过程进行更为复杂和丰富的解释，因为标准回归分析技术首先就假定不存在随时间变化的 β 系数。